Fabian Wollschläger

Die Quelle in dir

Aus der Leere in deine Unendlichkeit

Wir werden in eine Welt der Suchenden geboren, um
Suchende zu werden und als Suchende zu sterben.

Erst wenn wir nach unserer Unendlichkeit suchen,
können wir unsere unendliche Suche beenden.

Die Antworten auf unsere Fragen können
nicht im Worte liegen. Doch das Wort kann
uns zu dem führen, der sie kennt.

Erhebend von dem, was wir niemals waren.

Verbindend mit allem, was wir immer sind.

So wird das erste Wort ein Ende sein.

Und das letzte Wort dein Anfang sein.

Dieses Buch widme ich

Dir

Originalausgabe
1. Auflage 2019
Verlag Komplett-Media GmbH
2019, München/Grünwald
www.komplett-media.de

ISBN: 978-3-8312-0552-3

Auch als E-Book erhältlich

Lektorat: Monika Rohde
Korrektorat: Redaktionsbüro Diana Napolitano, Augsburg
Umschlaggestaltung: F A V O R I T B U E R O, München
Illustrationen: Heike Kmiotek – fine design – Erkrath
Satz: Daniel Förster, Belgern
Druck & Bindung: GGP Media GmbH, Pößneck
Printed in Germany

www.fabianwollschlaeger.com

Fabian Wollschläger

Die Quelle in dir

Aus der Leere in deine Unendlichkeit

Inhalt

Einleitung 13

Ein Ende 15

Ego – die Illusion deiner Identität ... 21

Bewusstsein – die Quelle in dir 25

Die Vorstellungskraft 28

Die Bedeutung 34

Der Glaube 38

Wach- und Unterbewusstsein –
die zwei Strömungen deiner Quelle 45

Das ausführende Unterbewusstsein 48

   Die »Bedingungsanleitungen« zum Aufbau
   deiner Realität 50

   Die Bausteine deiner Realität 52

   Der Tresor deiner Realität 53

Das prüfende Wachbewusstsein 56

Realität – die Neuordnung durch dein Unterbewusstsein 59

Das Wachbewusstsein ist der Schlüssel,
das Unterbewusstsein die Tür 65

Bewusstseinssynchronisation – Wille und Glaube im Einklang 71

Die Macht der Selbstreflexion 75

Die Macht der Affirmation 80

Die Macht der affirmativen Meditation 83

Die meditative Reise in unseren Kosmos 88

Das ambivalente Potenzial des positiven Denkens . 90

Energie – die Ursachen und Wirkungen in deinem Leben 95

Energetischer Ausgleich 106

Stress 109

Der natürliche Zustand des unnatürlichen
Glaubens 115

Energetische Wechselwirkungen 120

Energetische Konzentration 127

Energetische Duplikation 131

Energetische Projektion 139

Streit 142

Polarität – zwischen der Leere und
deiner Unendlichkeit 149

Neutralisation 154

Zentrierung 158

Polarisierung 161

Die perfekte Illusion 170

Die Polarität der Zeit 172

Der Kreislauf der Zeit 174

Aus der Vergangenheit lernen, in der Gegenwart
schöpfen, von der Zukunft leiten 179

Liebe – das Wasser deiner Quelle 193

Dein Anfang 201

Affirmationen & Selbstreflexionen 209

Affirmative Meditation 213

Ein Abschiedsgeschenk 219

Über den Autor 221

Einleitung

Dieses Buch wurde nicht in Worten geschrieben, sondern in Wahrheiten gemalt. Allerdings nutzt es nicht den Pinsel der Poesie, nur um die Leere einer Leinwand zu verdecken, bis sie in einem neuen Rahmen wiederkehrt. Wenn wir unserer Leere einen neuen Rahmen schenken, den wir jedoch mit alten Grenzen füllen, werden wir auch das nächste Bild unseres Lebens als Suchender zeichnen. Erst wenn wir alle Rahmen verlieren, können wir in den Farben der Unendlichkeit das Meisterwerk unseres Lebens malen.

Ein Ende

Wenn der Kopf nicht mehr antwortet, fängt das Herz an zu fragen.

» Wer bin ich?

Was ist das, was ich als ›Ich‹ bezeichne?

Mein Name? Mein Alter? Mein Beruf?
Mein Familienstand? Mein Körper? Mein Charakter?
Meine Stärken? Meine Schwächen?
Meine Vergangenheit? Meine Zukunft?

Was bleibt, wenn ich einen Teil verliere,
den ich zu meinem ›Ich‹ zähle?

Verliere ich dann einen Teil von mir?

Was bleibt, wenn ich alles verliere,
was ich zu meinem ›Ich‹ zähle?

Bin ich dann nichts mehr?«

Die Antwort, die folgt, ist die Wahrheit.

Alles, was mit einem »Ich« anfängt, ist untrennbar mit seinem Ende verbunden. Sei es der Körper, den wir erhalten haben, die Beziehungen, denen wir uns hingeben, das Geld, das wir verdienen oder eine berufliche Karriere, die wir uns erarbeiten. Was von unserem »Ich« gewonnen wird, wird ebenso von unserem »Ich« verloren werden.

Durch den Verlust entsteht eine innere Leere, die sich mit Wut, Trauer, Enttäuschung, Zweifeln oder Angst füllt. Um vor der Leere zu flüchten, wenden wir uns von unserem Inneren ab und kehren uns nach außen. In einem ewigen Krieg gegen unsere Leere bauen wir eine materielle Mauer aus einer geistigen Identität um uns. Wir versuchen, unseren Körper zu korrigieren, neue Beziehungen zu erleben, Reichtum aufzubauen oder unsere Reputation zu erhöhen. Wir suchen neue Teile, mit denen wir die Grenzen unseres »Ichs« füllen können, um vollständiger zu werden. Doch auch wenn wir unser Körpergewicht reduzieren, unseren Partner wechseln, viel Geld verdienen und berufliche Erfolge feiern, wird die innere Leere zurückkehren, sobald wir die Tiefe vermissen, in die uns oberflächliche Veränderungen nicht führen können. Bis wir die Ursache unserer Leere entdecken, leiden wir unter ihrer wiederkehrenden Ewigkeit, statt sie als Illusion zu entlarven, die nur durch uns zur Wirklichkeit wird. Ohne Rücksicht auf unsere Gefühle verbindet sie auch den sprudelndsten Anfang mit einem stillen Ende. Das Neue verliert seine bunten Farben und enttarnt sich als das blasse Alte. Bis wir erneut unseren Weg wechseln, um uns weiter auf der Suche nach Erfüllung im ewigen Kreis der Vergänglichkeit zu drehen. Erst wenn wir uns nach innen kehren, lüftet die Illusion ihren Vorhang, und die Wahrheit betritt die Bühne unseres Lebens.

Der Eingang in unser Leid wird zum Ausgang aus unserem Leid.

Der Ausgang aus unserem Leid wird zum Eingang in unsere Unendlichkeit.

Die Unendlichkeit unseres Lebens erstreckt sich jenseits der Grenzen unseres »Ichs«. Das, was wir als »Ich« bezeichnen, ist unsere Definition von uns. Unser Ego. Wenn uns jemand die Frage stellt, wer wir sind, antworten wir nicht, dass wir ein Teil des Kosmos sind, sondern wir nennen all die Eigenschaften, durch die wir uns voneinander unterscheiden. Folglich definieren wir etwas, indem wir es von allem anderen trennen. Wir bilden eine künstliche Grenze, die Verbundenes voneinander löst. Doch Verbundenes als Getrenntes wahrzunehmen ist eine Illusion. Würden wir nicht etwas sein, könnten wir *Alles* sein. Würden wir nicht jemand sein, könnten wir jeder sein. Wir sind es, die durch unser Ego die Mauern unserer Realität erschaffen. Sie entstehen, bestehen und fallen durch uns.

Unendlichkeit bedeutet, von der entmachteten Wirkung zur ermächtigten Ursache zu werden.

Von einem Tropfen zur Quelle.
Von der Schöpfung zum Schöpfer.
Von einem Bild Gottes zu einem Ebenbild Gottes.

Die Unendlichkeit ist Frage und Antwort. Nur wenige finden sie, weil der Weg zu ihr sich dort versteckt, wo niemand sie suchen will. In unserer *Leere*. Wir alle kennen sie, denn wir alle leben in einer Welt, die uns lehrt zu trennen, statt zu verbinden. Die Leere kann uns einen Tag besuchen oder ein ganzes Leben in uns einziehen. Sie klopft nicht an unserer Tür, sondern bricht in uns ein. Entweder schleicht sie als schwache Brise durch ein offenes Fenster unbemerkt in unser Haus oder sie reißt als wütender Sturm das Dach unseres Zuhauses ab. Mit jedem Einbruch stiehlt sie einen Teil von uns.

Am Tag ein schlichtes Detail, in der Nacht unsere fantastischsten Träume. Manchmal raubt sie uns vor unseren Augen aus, ein anderes Mal werden wir hinter unserem Rücken geplündert. Während wir äußeren Reichtum gewinnen, können wir in innerer Armut versinken. Wir können alles verlieren. Von unserem Lachen bis zu unserer Liebe. Am schlimmsten schmerzt die Trennung von der Verbindung zu unserem Selbst.

Doch jedes Leid birgt die Chance, uns von der endlosen Suche im Außen abzuwenden und uns stattdessen endlich nach innen zu wenden. So kann unser größter Verlust zu unserem höchsten Gewinn werden – denn nur etwas, das leer ist, kann gefüllt werden.

Es wird dich lehren, jeder zu sein, während du jemand bist. Sobald du dieses Bewusstsein erreichst, verlässt du deine Grenzen und öffnest das Tor zu deiner Unendlichkeit.

Um nicht mehr ein Opfer deiner Lebensumstände zu sein, erfährst du, wie du deine Gedanken und Gefühle nutzen kannst, damit du durch die Verbindung mit deinem Inneren deine äußere Welt erschaffst.

Du wirst lernen, nicht mehr deiner Energielosigkeit zu erliegen, sondern deine Energie zu regulieren und dich von belastenden Energien zu lösen, damit du ein ungeahntes Potenzial freisetzen kannst, das deine Wünsche manifestiert.

Um dem ewigen Kreis aus Freude und Trauer zu entkommen, wirst du verstehen, dich von deinem Leid zu lösen und deine innere Leere zu füllen, damit du dich von einem linearen Wesen zu einem multidimensionalen Schöpfer entwickelst.

Du bist kein Produkt deiner Vergangenheit, du lernst, die Zeit zu nutzen und dich dem Moment hinzugeben, damit deine Gegenwart nicht nach deiner Vergangenheit, sondern nach den Visionen deiner Zukunft erbaut wird.

Du verlässt das Feld der endlichen Möglichkeiten und trittst ein in das Feld der unendlichen Möglichkeiten. Du löst deine Grenzen und wirst grenzenlos. Nicht durch ein Buch, einen Kurs oder ein Seminar. Nicht durch einen Therapeuten, einen Trainer oder ein Medium, sondern aus der stärksten Kraft, die dich immer umgibt und dich niemals verlassen wird.

Aus deiner eigenen Kraft.

Es existiert bereits alles in dir, was du dir wünschst. Das Einzige, was den unerschöpflichen Überfluss des Universums und dich trennt, bist du. Befreie dich von deinem Leid, damit verbindest du dich mit ewigem Glück. Befreie dich von allen Grenzen, dann verbindest du dich mit ewiger Fülle.

Jeder Moment ist der erste Moment deines weiteren Lebens. Jetzt ist der Moment, um ein neues Leben zu beginnen. Aus der Leere in deine Unendlichkeit.

Ego – die Illusion deiner Identität

»Wo bin ich?«

»Hier und jetzt.«

»Warum bin ich hier?«

»Um zu sein.«

»Ich will zurück.«

»Du kannst nicht zurück.«

»Warum?«

»An welchen Ort?«

»An den Ort, von dem ich kam.«

»Du warst immer hier und wirst immer hier sein.«

»Dann will ich nicht sein.«

»Warum?«

»Hier ist es leer.«

»Hier ist es voll.«

»Voll womit?«

»Voller Leere.«

»Die Leere erdrückt mich.«

»Die Leere erfüllt dich.«

»Ich sehe nichts.«

»Dann siehst du nicht dich.«

»Ich verstehe nicht.«

»Dann verstehst du nicht dich.«

»Erkläre es mir.«

»Dann folge dir.«

Auf die Frage, wer wir sind, könnten wir mit unserem Namen, unserem Alter, unserem Beziehungsstatus und unserem Beruf antworten. Verändert sich eine dieser Eigenschaften, würden wir uns verändern. Verlieren wir eine dieser Eigenschaften, so würden wir uns verlieren. Die Wahrheit ist jedoch, dass wir noch etwas **sind**, auch wenn wir alle Eigenschaften verlieren, die wir **haben**.

Der Wortwechsel zwischen »sein« und »haben« wirkt unbedeutend, doch er birgt die Wahrheit hinter der Illusion unseres Egos, das wir uns einbilden zu sein. Wenn wir die Identifikation mit unserem Sein auf unsere äußere Welt beschränken, limitieren wir uns, denn wir ziehen eine Grenze um uns und trennen uns so von allem, was wir nicht meinen zu sein, jedoch sein könnten. Auch von dem, was wir wirklich sind. Wenn wir uns mit etwas identifizieren, handeln wir aus dem eingegrenzten Raum unserer Identität. Wir erkennen nicht mehr, was sich hinter den Wänden verbirgt, die wir um uns gebaut haben. Unser Ego errichtet einen Raum um uns, der mit unserer gesamten Energie geschmückt wird, sodass wir unsere Energie verlieren, wenn sich dieser Raum schließt oder wir ihn verlassen müssen.

Doch wir **sind** nicht unser Ego. Wir **haben** ein Ego. Diese Erkenntnis kann uns von jedem Leiden heilen, das durch ein Klammern an etwas Vergangenem entsteht, was wir hatten, aber nie waren. Wenn wir die Bedeutung dieses Unterschieds verstehen, kann ein Verlust zwar noch eine Welle schlagen, doch er wird nicht mehr das Ruder unseres Lebens an sich reißen.

Wir können nicht verlieren, was wir sind, sondern nur, was wir haben. Auch wenn wir alles verlieren, was wir haben, bleibt uns trotzdem noch alles, was wir sind. Die Heilung dieses Verlusts liegt letztendlich in der Erkenntnis, dass nicht das, was wir haben, unsere Realität erschafft. Wir erschaffen unsere Realität durch unser Sein.

Durch einen Verlust entsteht eine Leere, in der Neues wachsen kann, was zuvor keinen Platz in uns fand. Ein Berufstätiger, der seinen befriedigenden Job für immer behält, wird niemals in seinen Traumjob wechseln. Zwei Partner, die sich für immer mit ihrer ausreichenden Beziehung abfinden, werden niemals erfahren, was wahre

Liebe ist. Erst wenn sich der Raum schließt, für den wir uns entschieden haben, weitet sich unser Blick, und wir erkennen, dass seine breite Tür nur ein schmales Fenster war. Eine Trennung kann schmerzen, doch sie schafft immer Platz für etwas Neues. Ein einziger Gedanke reicht aus, denn es ist ein Gedanke, aus dem ein ganzes Universum entspringen kann.

Alles, was zu unserem Ego kommt, verlässt unser Ego auch wieder. Alles, was wir haben, ist vergänglich. Dabei ist die Vergänglichkeit nicht nur Schatten, sondern auch Licht. Erst sie ermöglicht unserem Ego eine unendliche Vielfalt, die die Ewigkeit nicht besitzt.

Wir sind sowohl Ewigkeit als auch Vergänglichkeit.

Wir sind Schöpfer. Unser Ego ist unsere Schöpfung.

Mit unserem Glauben, wir seien nur ein Tropfen, statt einer Quelle, belügen wir uns. Durch diese Lüge entstehen die Illusionen unserer Realität, die uns vortäuschen, wir seien nicht die Ursache, sondern die Wirkung unseres Lebens. Erkennen wir jedoch die Wahrheit hinter diesen Illusionen, transformieren wir uns von der begrenzten Schöpfung unserer Welt zum grenzenlosen Schöpfer.

Bewusstsein —
die Quelle
in dir

»Was bist du?«

»Was immer du glaubst, was ich bin. Was bist du?«

»Ich bin ein Mensch.«

»Ist das wahr?«

»Ja.«

»Warum bist du dir so sicher?«

»Weil ich einen Körper, Gedanken und Gefühle
habe. Ich führe ein menschliches Leben.«

Wie kannst du dir so sicher sein, ob
all das nicht nur ein Traum ist?«

»Ich kann mir nicht sicher sein. Ist
all das nur ein Traum?«

»Das weiß ich nicht. Doch ich weiß, dass du
in Wirklichkeit mehr als all das bist. «

»Was bin ich dann?«

»Weißt du, was sich Traum und Wirklichkeit teilen?«

»Nein.«

»Ihre Quelle.«

Wenn wir unser Ego nur haben, statt unser Ego zu sein, was sind wir dann?

Alles, was wir haben, entsteht dadurch, was wir sind. *Bewusstsein.* Wir haben kein Bewusstsein. Wir sind Bewusstsein. Jeder Augenblick unseres Lebens wird in der Wiege unseres Bewusstseins geboren. Unser Bewusstsein ist die Mutter, unser Leben ist ihr Kind.

Bewusst zu sein ist keine Fähigkeit. Es überschreitet die Grenzen der Fähigkeiten und öffnet die unendliche Weite der Wunder. Es ist das Bewusstsein, das jeden Tag das Unmögliche möglich macht und uns Menschen hilft, übermenschlich zu werden.

Blicke durch den Raum. Dann blicke an dir hinunter. Alles, was du sehen kannst, ist durch Bewusstsein entstanden. Auch du. Alles, von der Geburt einer revolutionären Idee, bis zu der Geburt einer Menschenseele, die deinen Namen trägt.

Stell dir deine Realität wie ein Haus vor. Es ist irrelevant, ob du in einem glänzenden Palast lebst oder in einer baufälligen Hütte. Dein Bewusstsein ist sowohl der Innen- wie auch der Außenarchitekt deines Zuhauses. Jeder Gedanke, jedes Gefühl und jedes Verhalten entstehen durch dein Bewusstsein. Jedes Detail deines Lebens ist aus seinen Bauplänen entstanden. Wer zum Meister seines Bewusstseins wird, wird zum Architekten seiner Realität.

Um dein Haus von Grund auf zu renovieren, erfährst du in den nächsten Kapiteln zunächst, wie Bewusstsein und Realität aufgebaut sind und wie sie funktionieren. Nach dem Grundwissen beginnt der Umbau.

Die Vorstellungskraft

»Warum sind wir von diesen Mauern umgeben?«

»Weil ihr Architekt sich keine Welt jenseits
dieser Mauern vorstellen konnte.«

»Existiert denn etwas jenseits dieser Mauern?«

»Ja.«

»Was existiert jenseits dieser Mauern?«

»Alles, was ihr Architekt sich vorstellen kann.«

»Kannst du sie niederreißen?«

»Nein.«

»Warum nicht?«

»Nur der, der sie errichtet hat, kann
sie auch niederreißen.«

Unsere Vorstellungskraft ist kein kreatives Können, sondern unsere Art zu denken. Mit jedem Atemzug benutzen wir unsere Vorstellungskraft, denn wir brauchen sie, wie wir die Luft zum Atmen brauchen. Sie ist der Stoff, aus dem jeder Gedanke gewoben wird. Die Frage nach unserer Vorstellung von Gott ist die Frage nach unserer Denkweise von Gott, so, wie unsere Gedanken über ein Leben nach dem Tod, unsere Vorstellungen von einem Leben nach dem Tod sind. Unsere Gedanken formen sich aus unseren inneren Vorstellungen. Sie sind nicht nur elektrische Impulse, die als Wellen durch unser Gehirn strömen. Die Bilder unserer Vorstellungskraft sind die Sprache, in der unser Bewusstsein spricht.

Eine Vorstellung von der Realität und die »wahre« Realität sind nicht gegensätzlich, sondern identisch. Für uns existiert keine Realität außerhalb unserer Vorstellungen, weil wir nur unsere Vorstellungen wahrnehmen können. Was wir als Wirklichkeit wahrnehmen, ist unsere Vorstellung von der Wirklichkeit.

Wir sehen die Realität nicht erst durch die Reflexion des Sonnenlichts. Ihre Bilder entstehen, wenn wir das ewige Licht unseres Bewusstseins auf sie lenken. Deswegen können fiktive Filme reale Gefühle in uns auslösen. Unser Gehirn unterscheidet nicht zwischen Fiktion und Realität, weil wir nicht ihre Wesen, sondern lediglich die Vorstellung ihrer Wesen wahrnehmen und verarbeiten können. Würden wir die Welt nur mit unseren Sinnen wahrnehmen, wüssten wir nicht einmal, wer wir sind. Auch unser Ego ist bloß die Vorstellung unseres Egos. Unsere fünf Sinne sind nur Werkzeuge, um die Bilder unserer Vorstellungen auszumalen. Sie vermitteln uns den Eindruck, wir würden erleben, was außerhalb von uns ist – unsere Familie, unsere Freunde, unsere Wohnung, unser Arbeitsplatz und unser Leben. Doch nichts davon haben wir jemals außerhalb von uns erlebt. Jedes Detail unseres Lebens existiert als Vorstellung in uns.

Wenn wir beide uns zum ersten Mal begegnen, beginnen wir, uns einander **vorzustellen**. Alles, was wir sind, sind die Vorstellungen von uns in unserem Bewusstsein.

Unsere Vorstellungskraft kann uns sowohl in ein begrenztes Gefängnis der Vergänglichkeit sperren, als auch in den grenzenlosen Raum unserer Unendlichkeit führen. Wenn wir uns nur nach außen wenden, verhaften wir uns in der Endlichkeit. Der Körper, das Haus und die Erde, auch die Identität, die wir gerade bewohnen – alles, was wir äußerlich wahrnehmen, sind begrenzte Räume, die vergehen. Die Beschränkung unserer Vorstellungskraft auf äußere Vorstellungen ist mit Leid verbunden. Unser Körper nähert sich mit jeder Sekunde, in der wir leben, dem Tod. Häuser und Planeten zerfallen, und selbst Identitäten währen niemals ewig. Begrenzen wir unsere Realität auf die Vorstellungen unserer Außenwelt, entwickeln wir Leiden und Ängste, denn die äußere Welt ist begrenzt.

Im Gegensatz zu unserer Außenwelt sind die Vorstellungen unserer Gedankenwelt unendlich. Durch innere Vorstellungen können wir aus dem Raum unseres Körpers hinaustreten und von der Gegenwart in Vergangenheit und Zukunft reisen. Erinnerungen und Visionen sind Vorstellungen, in denen wir uns von dem »Hier und Jetzt« trennen und uns an jeden Ort zu jeder Zeit begeben können. Raum- und Zeitreisen sind keine Hollywoodfantasien, in denen wir uns dematerialisieren, um von Scotty hochgebeamt zu werden oder zurück in die Zukunft zu reisen.

Wenn wir uns in unserer Vorstellung von den äußeren Grenzen der Materie und der Gegenwart getrennt haben, existiert unser materieller Körper in der Gegenwart, während wir uns mit unserem Bewusstsein von der Enge dieser Dimensionen befreien, um überall zu jeder Zeit sein zu können. Diese Reisen treten wir unbewusst jeden Tag zahllose Male an. Von der Wahl unserer Kleidung am Morgen, bis zu dem Entschluss am Abend, ein Buch über die Quelle in dir zu lesen. Wir vergleichen die Gegenwart mit der Vergangenheit und treffen auf Basis unserer Erinnerungen eine Entscheidung für die Zukunft.

Die Unendlichkeit unserer Vorstellungskraft durch Raum- und Zeitreisen hat wie jede andere Fähigkeit unseres Bewusstseins sowohl eine Licht- als auch eine Schattenseite. Entweder benutzen wir ihr unendliches Potenzial bewusst für uns oder sie wirkt unbewusst gegen uns.

Einerseits befreit uns die Raum- und Zeitlosigkeit vom unbestimmten Reaktionismus der Gegenwart und schenkt uns die Freiheit, durch reflektierte Erfahrungen der Vergangenheit aktiv eine visionsgeleitete Zukunft zu erschaffen. Wir können durch den Lernprozess auf Wissen zurückgreifen, das wir uns in der Vergangenheit angeeignet haben, um es in der Gegenwart anzuwenden und unsere Zukunft zu gestalten. Ebenso ermöglichen Vergangenheit und Zukunft unser rationales Handeln, und auch unsere Intuition greift auf unterbewusste Erfahrungen der Vergangenheit zurück, um die Gegenwart zu bewerten.

Andererseits kann die Fähigkeit der mentalen Raum- und Zeitreisen auch gegen uns wirken, wenn es zu einem unbewussten Zwang wird. Unser Gehirn assoziiert die Gegenwart immer mit der Vergangenheit, um die Gemeinsamkeiten und Unterschiede zwischen einer neuen und unseren alten Erfahrungen zu analysieren und so der neuen Erfahrung eine Bedeutung zu verleihen. Nicht nur in der Hirnforschung, auch in Psychologie und Pädagogik ist diese Funktion des Gehirns als das »Gesetz der Assoziation« bekannt. Demzufolge können wir die Gegenwart nur durch die Brille unserer Vergangenheit erkennen. Die Summe der Erfahrungen, die wir als unser Leben bezeichnen, existiert nur als Vorstellung unserer Vergangenheit. Wenn wir unsere Gegenwart auf der Basis unserer Vergangenheit deuten, um unsere Zukunft zu erschaffen, dann wird gestern zu morgen. Statt uns bewusst weiterzuentwickeln, stagnieren wir unbewusst. Unsere Vergangenheit wird zu unserer Zukunft.

Auch die Schmerzen, unter denen wir in der Gegenwart leiden, sind eine Reaktion auf ein Ereignis aus unserer Vergangenheit. Wenn wir unter einer ungewollten Trennung von unserem Partner leiden, dann leiden wir an einem Ereignis, das in der Vergangenheit geschehen ist. Wir ketten uns an ein vergangenes Erlebnis und holen es mit jeder schmerzhaften Erinnerung von der Vergangenheit zurück in unsere Gegenwart. Wir entkoppeln die Vergangenheit von ihrer Vergänglichkeit und verleihen ihr so Ewigkeit. Doch Vergangenheit und Vergänglichkeit sind jenseits unserer inneren Vorstellungen eins. Die Vergangenheit ist *vergangen,* unwiderruflich erloschen. In der gegenwärtigen Außenwelt existiert sie nicht mehr. Deswegen vergehen mit der Gegenwart auch die Ereignisse, die uns Leid zufügen.

Doch unsere Realität bewegt sich niemals jenseits unserer Vorstellungskraft, sondern immer und ausschließlich in ihr. Wenn wir durch unsere Vorstellungskraft zurück in die schmerzhafte Vergangenheit reisen, erschaffen wir eine illusionäre Trennung zwischen Vergangenheit und Vergänglichkeit und holen dadurch die Vergangenheit zurück in unsere Gegenwart. Ob wir uns nach dem Tod eines Angehörigen zurück in die Vergangenheit zu ihm flüchten, um bei ihm zu sein oder ob wir einen Streit mit unserem Partner rückwirkend reflektieren, um für uns die Frage nach Recht und Unrecht zu klären. Unser Leid lebt durch uns weiter, weil wir die Gegenwart immer wieder mit der Vergangenheit assoziieren und so unseren Schmerzen Ewigkeit verleihen.

Nichts und niemand hat uns jemals wirklich innerlich verletzt. Weder die Vorurteile eines Arbeitskollegen noch das Desinteresse unserer Eltern. Jeder Schmerz, von einem emotionalen Splitter bis zum psychischen Tod, entsteht einzig und allein durch uns, indem wir uns durch unsere Vorstellungskraft von der Gegenwart abwenden und zurück in die Vergangenheit reisen, um vergangenen Schmerz wiederzubeleben.

Nur wer die Unendlichkeit seiner Vorstellungskraft *bewusst* betreten und verlassen kann, wird das Pendel dieser Gabe anhalten, damit es nicht mehr unkontrolliert zwischen Fluch und Segen hin- und herschwingt. Wir alle tragen ein eigenes Universum in uns. Begrenzen wir unsere Vorstellungskraft, begrenzen wir unser Universum. Wird unsere Vorstellungskraft grenzenlos, wird unser Universum grenzenlos. Wenn wir lernen, die Macht unserer Vorstellungen für uns einzusetzen, können wir innerlich ganze Welten erschaffen, die sich äußerlich manifestieren.

Unsere Vorstellungskraft dient als Beweis für das, was möglich ist. Jedes menschliche Bauwerk unserer Erde, jede atemberaubende Geschichte und jede Verwirklichung des vermeintlich Unmöglichen begann mit einem einzigen Gedanken. Geboren in einem Bewusstsein, gekleidet in eine bildliche Vorstellung, erwachsen in seine Manifestation. Jede Vorstellung kann ein Urknall sein, aus dem Ganzen entsteht ein Universum.

Begib dich in das unendliche Reich deiner Vorstellungskraft, und stell dir vor, ich schalte das Licht des Raumes aus, in dem du dich gerade befindest. Du kannst nichts mehr sehen, außer der Dunkelheit, die den Raum füllt. Nun verrate mir, ob du dich noch in diesem Raum befindest. Falls ja, woher weißt du, dass du dich noch in diesem Raum befindest? Wieso kannst du den Raum noch sehen, obwohl deine Augen geschlossen sind? Du siehst ihn auch in vollkommener Dunkelheit, weil dieser Raum als Vorstellung in dir existiert. Woher weißt du, wie das Haus hinter den Wänden des Raumes aussieht, in dem du dich gerade befindest? Die Stadt, das Land, der Kontinent, die Erde, das Universum?

Du lebst in deiner Vorstellung.

Möchtest du dein Leben erweitern, musst du die Vorstellung von deinem Leben erweitern.

Die Bedeutung

*»Ich habe genug gesehen. Ich möchte
diesen Ort verlassen.«*

»Gefällt er dir nicht mehr?«

*»Nein, er macht mich traurig. Hier sieht alles
gleich aus. Ich will etwas Neues sehen. Kannst
du mich an einen anderen Ort bringen?«*

»Nein, das kann ich nicht.«

»Warum nicht?«

»Es existiert kein anderer Ort.«

»Wie kann ich dann etwas Neues erleben?«

»Indem du den Ort veränderst.«

»Wie verändere ich den Ort?«

*»Indem du die Augen veränderst,
mit denen du ihn ansiehst.«*

Vorstellungen verleihen unserer Realität ihre Form, Bedeutungen hauchen ihr Leben ein. Durch die Verknüpfung von Vorstellung und Bedeutung entsteht eine lebendige Realität. Nicht eine universelle, sondern unsere persönliche Realität.

In der Illusion einer universellen Realität besitzt jedes Wesen, jedes Objekt, jeder Zustand und jedes Ereignis eine objektive Allgemeingültigkeit. Jeder Mensch teilt jeder Manifestation in unserem Universum eine identische Bedeutung zu. Alle Menschen beten den gleichen Gott an und pflegen die gleiche Lebensweise. Alle Vorstellungen werden von allen Menschen mit den gleichen Bedeutungen versehen und lösen deswegen in allen Menschen identische Gedanken und Gefühle aus. Jeder Mensch ist gleich.

Diese Missachtung von individuellen Realitäten bildet die Ursache für jeden Konflikt in der Menschheitsgeschichte. Angefangen mit dem Beziehungsstreit um das Ausräumen der Spülmaschine, bis hin zu einem Krieg zwischen zwei Nationen. Jeder Konflikt entsteht durch die Intoleranz gegenüber einer fremden Realität, weil sie nicht der eigenen entspricht. Wir meinen, unsere Realität sei wahrer oder wichtiger, und alle anderen Realitäten seien falsch oder unwichtiger.

Trennen wir uns von der Annahme, es existiere eine universelle Realität, öffnen wir uns für die Erkenntnis, dass jeder Mensch in seiner individuellen Realität lebt. Jeder Mensch betet seine eigene Vorstellung und Bedeutung von Gott an und pflegt seine eigene Lebensweise. Wir alle haben unterschiedliche Vorstellungen, denen wir unterschiedliche Bedeutungen geben, die zu verschiedenen Gedanken und Gefühlen führen. Jeder Mensch ist einzigartig.

Welche Vorstellung wirkt für dich realer? Die Existenz einer einzigen Realität oder einer Unendlichkeit an Realitäten?

Erkennen wir uns als Quelle unserer Realität, sind wir uns bewusst, dass jedes Wesen im besten Willen seiner für sich wahren Realität handelt. Statt mit Intoleranz andere Realitäten zu verurteilen, akzeptieren wir fremde Realitäten nicht weniger als unsere eigene. Statt ein Leben in Trennung, führen wir dann ein Leben in Verbundenheit. Die Annahme von subjektiven Realitäten streitet nicht ab, dass die

Vorstellungen, die wir mit unseren fünf äußeren Sinnen wahrnehmen, nicht mit den Vorstellungen anderer übereinstimmen können.
Doch was ist Realität? Wodurch wird das, was wir Realität nennen, für uns real? Durch unsere Vorstellung oder durch die Bedeutung, die wir unserer Vorstellung geben?

Vorstellung und Bedeutung sind untrennbar miteinander verbunden. Objektivität ist eine Illusion, denn wir haben meistens nicht
nur individuelle Vorstellungen von der Realität, sondern rüsten alle
unsere Vorstellungen auch mit einer individuellen Bedeutung aus.
Jede Seite besteht aus zwei Seiten, jede Wahrheit ist nur eine Halb-
wahrheit, und jede Singularität ist eine Pluralität. »Tatsachen« liegen immer im Auge des Betrachters, denn statt alle in einer einzigen
Realität zu leben, leben wir alle in unserer eigenen Realität. Ohne
die individuelle Bedeutung ist eine Vorstellung buchstäblich bedeu-
tungslos. Unsere Eltern, Geschwister oder Kinder würden sich für
uns nicht von den Milliarden von anderen Menschen unterscheiden.
Unser Kontostand wäre nur eine Reihe nichtssagender Ziffern, und
auch unser Leben hätte keinen tieferen Sinn.

So, wie die Vorstellung der Samen eines Gedankens ist, so keimt
aus der Bedeutung ein Gefühl. Hat etwas keine Bedeutung für uns,
haben wir kein starkes Gefühl dazu. Hat es hingegen eine hohe
Bedeutung für uns, setzen wir den ganzen Kosmos in Bewegung. Es
sind Gefühle, die uns Menschen unsere Menschlichkeit verleihen
und die Intensität unserer Gedanken bestimmen. Sie sind nicht nur
der Anfang, sondern das Ziel jeder unserer Handlungen. »Ich mache
…, weil ich mich dann … fühle.« In der tiefsten Ebene dient alles,
was wir tun, der Absicht, Liebe zu erzeugen oder Leid zu vermeiden.

Indem wir unsere Vorstellungen mit einer Bedeutung verbinden,
entsteht unsere Realität. Die Bedeutungen wählen nur *wir*. Nichts
und niemand kann uns sagen, welche Bedeutung wir welcher Vorstellung geben. Es ist kein Zwang, sondern unsere Freiheit. Die Illusion der zwanghaften Deutung entsteht, wenn wir den freien Raum
zwischen Vorstellung und Deutung nicht erkennen. Doch wir können die Verbindung zwischen Vorstellung und Bedeutung jederzeit

trennen, um einer alten Vorstellung eine neue Bedeutung zu geben und unser Leid zu transformieren. So werden Fehler zu Lehren, Verluste zu Chancen und Grenzen zu Möglichkeiten.

Materialisten können ihr gesamtes Leben der Jagd nach Ruhm, Macht und Reichtum widmen, ohne zu bemerken, dass sie nur Illusionen nachjagen, weil diese ihnen ein Gefühl versprechen, das sie jedoch auch ohne die Kosten der äußeren Schleier mühelos in ihrem Inneren erschaffen könnten. Es ging nie darum, **was** wir werden. Es geht darum, **wie** wir werden.

Alle Gefühlsqualitäten, die wir uns wünschen, sind bereits in uns. Es gibt nichts, was nicht in unserem Bewusstsein angelegt ist. Das Einzige, was uns von Gefühlen wie Glück, Freude und Liebe trennen kann, ist unser eigener Glaube daran, von ihnen getrennt zu sein.

Der Glaube

»*Warum fühle ich mich manchmal,
als sei ich in einer Hölle?*«

»*Weil du daran glaubst, in einer Hölle zu sein.*«

»*Bedeutet das, sie existiert nicht?*«

»*Doch. Und immer wenn du daran
glaubst, befindest du dich in ihr. Du bist
immer dort, wo dein Glaube ist.*«

»*Kann ich von der Hölle in den Himmel kommen?*«

»*Das weiß ich nicht. Es hängt davon
ab, ob du den Himmel findest.*«

»*Wo kann ich ihn finden?*«

»*Himmel und Hölle liegen nur einen
Glauben auseinander.*«

Unsere Gedanken und Gefühle erschaffen unser Verhalten. Unser Verhalten erschafft unsere Realität. Kürzen wir diese Gleichung, erkennen wir: Unsere Gedanken und Gefühle erschaffen unsere Realität. Sie sind die schöpferische Kraft in uns. Die höchste schöpferische Kraft besitzt dabei unser Glaube, der sich aus unseren Glaubenssätzen zusammensetzt.

Glaubenssätze sind Annahmen, die wir als unumstößliche und einzige Wahrheit über uns und unsere Umwelt wahrnehmen. In ihrem Wesen drehen sich alle Glaubenssätze um: sein, haben, wollen, brauchen, müssen, dürfen oder können. Sie besitzen den höchsten transformativen Einfluss in unserem Leben. Ein Glaubenssatz entsteht durch einen wiederholten Gedanken verbunden mit einem intensiven Gefühl. Da bereits ein Paar aus Gedanke und Gefühl eine schöpferische Kraft enthält, besitzt ein Glaubenssatz demnach eine potenzierte Schöpferkraft.

Er ist ein zähes Bündel aus einem zahllos wiederholten Gedanken und intensiven Gefühlen, das als Vorlage für jede unserer Entscheidungen dient und so unser Leben bestimmt.

Jedes Paar aus Gedanke und Gefühl kann zu einem Glaubenssatz werden. Durch ausreichende Wiederholung eines Gedankens oder durch intensive Gefühle können wir an jede Vorstellung und an jede Bedeutung glauben.

Als wir eingeschult wurden, besaßen wir noch positive Vorstellungen von der Schule, denen wir positive Bedeutungen zugeordnet haben. Es war ein Ort, an dem wir neue Freunde finden und wertvolles Wissen lernen konnten. Doch mit jedem Schuljahr nahmen bei vielen die negativen Vorstellungen zu. Uns wurde vermittelt, wir müssten gut in der Schule sein, um einen angesehenen Beruf ausüben, ausreichend Geld verdienen und so ein befriedigendes Leben führen zu können. Mit der Wiederholung dieses Gedankens wurde auch das Gefühl der Angst größer, den fremden Vorstellungen von Lehrern, Eltern und der Gesellschaft nicht gerecht zu werden und unter dem Druck zu zerbrechen. Die Vorstellungen verwandelten sich zusammen mit ihren intensiven Bedeutungen zu einem Glauben, der sich mit jeder Wiederholung festigte. Je härter der Beton eines Glaubens wird, desto mehr Einfluss gewinnt er über unser Leben. So können Kinder bereits in jungen Jahren in ein bodenloses Loch blockierender Glaubenssätze fallen, wenn ihre Eltern ununterbrochen die Wichtigkeit der schulischen Ergebnisse wiederholen und die Angst vor dem Versagen schüren.

Die Wiederholung einer Vorstellung wird mit einer intensiven Bedeutung verknüpft und ergibt einen Glauben, der fortan als Basis für jede Entscheidung dient. Auf diese Weise entstehen alle Glaubenssätze. Ziehen die dünnen Fäden eines Paares aus Gedanke und Gefühl an einem robusten Tau eines gegenteiligen Glaubenssatzes, siegt der Glaubenssatz. Hinter ihm stehen eine hohe Anzahl gleicher Gedanken und mächtiger Gefühle, die seine Kraft in seiner Entstehung potenziert haben. Wie tief sich ein Glaubenssatz in uns verankert, entscheidet nicht seine Richtigkeit oder Falschheit, sondern seine Wiederholung und Intensität.

Die folgende Liste umfasst einige der weitverbreitetsten negativen Glaubenssätze, die unterbewusst nicht nur die Wahrnehmung, sondern auch unser Verhalten und damit die Gestaltung unserer Realität bestimmen.

Ich bin
ungenügend
unfähig
dumm
hässlich
erfolglos
arm
nicht liebenswert
schlechter als andere
wertlos
ein Opfer meiner Lebensumstände

Ich habe
Fehler
keinen Sinn im Leben

Ich brauche
einen Partner
Anerkennung
Geld
Befriedigung

Ich muss
fehlerlos sein
alle Erwartungen erfüllen
mehr und besser als der Durchschnitt sein
meinen Lebenssinn finden

Ich darf
nicht immer und überall Ich sein
keine Zeit verlieren

Ich kann
nicht meinen Seelenpartner finden
meine Wunden niemals schließen
meine Träume nicht realisieren
kein erfülltes Leben führen

Daraus leiten sich Kern-Glaubenssätze ab, wie:
Ich bin nicht liebenswert, weil ich Fehler habe.
Ich brauche in meinem Leben mehr, um glücklich zu sein.
Ich darf nicht Ich sein, weil ich alle Erwartungen an mich erfüllen muss, um geliebt zu werden.
Ich kann meine Träume nicht realisieren, weil ich ein Opfer meiner Lebensumstände bin.
Andere Menschen sind besser/schlechter als ich.

Glaubenssätze sind so gefährlich, weil sie im Unterbewusstsein entstehen und von dort aus operieren, während die schmerzhaften Gedanken und Gefühle, die sich aus ihnen entwickeln, im Bewusstsein wirken. Selbst wenn wir uns unserer Glaubenssätze bewusst werden, können sie trotzdem unterbewusst weiterwirken, weil sie sich weiterhin in unserem Unterbewusstsein befinden.

Negative Glaubenssätze entstehen durch unser Ego, das ein Teil von uns ist und sich nach Liebe sehnt. Mit jedem Glaubenssatz verfolgt unser Ego das Ziel, geliebt zu werden bzw. Leid zu vermeiden. Doch leider bergen alle negativen Glaubenssätze ein unheimlich destruktives Potenzial, das unser Leben schwerwiegend begrenzt und den engen Raum inmitten unserer Grenzen mit Schmerzen füllt. Sie wüten in jedem von uns und ergeben in ihrer Kombination einen tödlichen Cocktail, der unser gesamtes Leben vergiften kann. Nicht weil wir an sie glauben, sondern weil wir glauben, sie zu wissen. Um ihnen ihre Macht über uns zu nehmen, müssen wir unser »Wissen« infrage stellen, um es als Glaube zu enttarnen.

»Ich weiß nicht« wird zu einem essenziellen Grundsatz für ein grenzenloses Leben. Erst die Erkenntnis der Unkenntnis öffnet unsere Grenzen.

Aus einem Glauben entsteht ein Verhalten, mit dem wir unsere äußere Welt verändern. Diese Veränderung entspricht der Überzeugung, aus der unser Verhalten hervorgegangen ist und wirkt so als Bestätigung für unseren Glaubenssatz. Unser Glaubenssatz festigt sich, während sich unsere Realität immer weiter in seine Richtung bewegt.

Aus dem Glaubenssatz »Ich bin nicht liebenswert, weil ich Fehler habe« folgt häufig ein zurückhaltendes Verhalten. Wir sind unsicher und wollen unsere Fehler vermeiden. Folglich werden wir sie entweder ignorieren oder uns bemühen, sie zu verbergen. Ignorieren wir sie, sinken sie in den Schatten unseres Unterbewusstseins und können uns unbemerkt ein Leben lang begleiten. Verbergen wir sie, befinden sie sich im ununterbrochenen Licht unseres Bewusstseins, und die Angst vor ihnen steuert unser gesamtes Leben. Halten wir uns von anderen fern, halten jene sich auch von uns fern, und unser vom Glauben programmiertes Bewusstsein übersetzt die Reaktion in: »Die anderen halten sich von mir fern. Ich wusste es. Ich habe Fehler. Ich bin nicht liebenswert.« Unser destruktiver Glaube wird bestätigt, und der Kreislauf der selbsterfüllenden Prophezeiung dreht sich weiter.

Aus dem Glaubenssatz »Ich kann kein erfülltes Leben führen, weil ich ein Opfer meiner Lebensumstände bin« folgt häufig ein besonders passives Verhalten. Wir haben uns mit unseren Lebensumständen und unserer Ohnmacht abgefunden. Wir glauben, dass das Leben, wie wir es führen, unsere Bestimmung sein muss. Deswegen folgen wir dieser vermeintlichen Bestimmung, statt uns ihr zu widersetzen, um so weiteres Leid durch einen fruchtlosen Widerstand zu vermeiden. Wir werden von der Illusion eingenommen, dass andere Menschen, Ereignisse oder Umstände unser Leben kontrollieren würden. Wir fühlen uns als Spielball unseres Lebens, der von allen getreten wird und nur noch zusehen kann, in welche Richtung er fliegt. Falls wir die Kontrolle über unser Leben nicht selbst übernehmen, wird sie von unseren äußeren Umständen oder anderen Menschen übernommen. So erfüllt sich auch diese Prophezeiung, und wir werden tatsächlich zum vermeintlichen Opfer unserer Lebensumstände.

Da unser Verhalten unsere Realität erschafft, wird sie zu einem exakten Spiegelbild unserer Glaubenssätze. Von der Reaktion auf das Wetter bis hin zu der Gewohnheit, am Abend fernzusehen. Deswegen fällt es uns so schwer, uns zu verändern. Sportlicher zu sein, abzunehmen, mehr Liebe zu geben oder offener auf andere Menschen zuzugehen. Unser bewusstes »Ich will« steht im Gegensatz zu unserem unbewussten »Ich kann nicht«. Deswegen erschafft ein Lottogewinn noch kein Leben in Reichtum, ein neuer Partner noch kein Leben in Liebe und ein Blick in die Sterne noch kein Leben in Unendlichkeit. Der riesige Glaube »Ich kann nicht«, den wir unser gesamtes Leben bestärkt haben, steht dem winzigen Gedanken »Ich will« gegenüber, den wir unser gesamtes Leben geschwächt haben.

Aus diesem Grund führen positives Denken, gefühllose Affirmationen und andere Methoden der Autosuggestion zu keiner nachhaltigen Veränderung, wenn sie nur an der Oberfläche eines Gedankens schwimmen, statt in die Tiefen des Glaubens zu tauchen.

Jeder Mensch wird in der Kenntnis seiner unantastbaren Vollkommenheit geboren, doch zur Unkenntnis darüber erzogen. Was wir verlieren, ist nicht unsere Vollkommenheit, sondern unseren Glauben daran. Doch wir können all unsere Zweifel ablegen und zurück zu unserer Quelle kehren. Wird unser Glaube grenzenlos, werden auch wir wieder grenzenlos. Diese Rückkehr erfordert, dass wir unsere destruktiven Glaubenssätze mit positiv ersetzen. Bringen wir »Ich will« in Einklang mit »Ich kann«, lösen sich die Grenzen unserer Realität auf. »Mein Glaube wird Wirklichkeit« wird zu dem entmystifizierten Zauberspruch, der unserem Leben eine unerschöpfliche Magie verleiht.

Richte dein gegenwärtiges Licht einmal in die dunklen Räume deiner schmerzhaften Erinnerungen, und reflektiere, wie häufig du wegen der oben genannten Glaubenssätze bereits eine Chance nicht genutzt hast. Wie häufig du in Wut ausgebrochen, in Verzweiflung gefallen oder in Trauer gesunken bist. Wie häufig du dich oder jemand anderen zu Unrecht verurteilt hast und in einen inneren oder äußeren Konflikt geraten bist.

Verweile für einen Moment in diesen Erinnerungen. Und jetzt trete aus ihnen heraus, und stelle dir vor, du würdest all diese Grenzen verlieren und wärst vollkommen frei.

Kannst du dir diese Wirklichkeit vorstellen?

Dann kannst du sie auch erschaffen.

Wach- und
Unterbewusstsein –
die zwei Strömungen
deiner Quelle

»Woher kommt unser Bewusstsein?«

»Es ist aus der Vereinigung entstanden.«

»Welcher Vereinigung?«

»Die Vereinigung der Gegensätze.
Das Männliche mit dem Weiblichen.
Das Nährende mit dem Gebärenden.
Der Verstand mit dem Herzen.
Die Logik mit der Intuition.
Der Fleiß mit der Kreativität.
Das Aktive mit dem Passiven.«

Unser »Sein« umfasst nicht nur unser Bewusst-Sein, sondern auch unser Un- bzw. Unterbewusst-Sein. Zur Unterscheidung wird im weiteren Verlauf das Wort »Wachbewusstsein« für unser bewusstes Sein verwendet, »Unterbewusstsein« für unser unbewusstes Sein und »Bewusstsein« für die Verbindung unserer beiden Bewusstseinszustände.

Wachbewusstsein und Unterbewusstsein wirken immer zusammen. Sie sind zwei Strömungen einer Quelle – deiner Quelle.

Das ausführende Unterbewusstsein

»Warum ist mein Bewusstsein begrenzt?«

»Warum glaubst du, dass dein Bewusstsein begrenzt sei?«

»Ich kann so viel erleben. Doch auch wenn ich mein ganzes Leben mit Erfahrungen fülle, ist es nicht einmal sichtbar in der Unendlichkeit des Universums.«

»Du irrst dich. Dein Leben ist ein eigenes Universum. Mit jeder Sekunde dehnt dein Bewusstsein dieses Universum weiter aus. Jeder Moment birgt eine Unendlichkeit. Jeder Gedanke und jedes Gefühl werden zu einem Stern. Jede Erfahrung wird zu einer Galaxie. Alles, was du erlebst, leuchtet noch weit über dein Leben hinaus, denn dein Sein währt ewig. Sterne und Galaxien mögen begrenzt sein, doch dein Universum ist grenzenlos.«

»Wie kann ich meine Unendlichkeit erreichen?«

»Du kannst sie nicht erreichen. Du kannst nur etwas erreichen, von dem du noch getrennt bist. Doch du bist nicht von deiner Unendlichkeit getrennt.

Du bist bis in alle Ewigkeit mit ihr verbunden.
Sag, wie stellst du dir deine Unendlichkeit vor?«

»Ich weiß es nicht.«

»Dann blicke zurück. Tauche ein in das Bad
deiner Erinnerungen. Sieh, was du in deinem
Leben geschafft hast, und verharre für einen
Moment in der Größe einer Erinnerung.

Dann kehre zurück, und blicke dich um.
Tauche ein in das Bad der Eindrücke. Sieh,
was dich umgibt, und verharre für einen
Moment in der Größe eines Eindrucks.

Dann bewege dich weiter, und blicke nach
vorn. Tauche ein in das Bad der Visionen.
Sieh, was über dir schwebt, und verharre für
einen Moment in der Größe einer Vision.

Und jetzt erzähle mir, wie groß sind diese Welten?«

»Unendlich.«

»Wir sind Bewusstsein« bedeutet: Wir sind weitestgehend Unterbewusstsein.

Unser Unterbewusstsein verarbeitet über 99 Prozent aller Informationen, die wir empfangen. Gleichzeitig erschafft es nahezu jeden Gedanken und somit auch jedes Gefühl in unserem Leben. Doch es ist nicht nur der Hauptentwickler unserer Gedanken und Gefühle, sondern auch der Konstrukteur unserer Realität, der die Gedanken und Gefühle in Taten umsetzt. Neben der Speicherung von Erinnerungen und der Filterung unserer Wahrnehmung dient es vor allem der Ausführung.

Die »Bedingungsanleitungen« zum Aufbau deiner Realität

Wir können unser Verhalten bewusst beobachten, reflektieren oder planen, doch die meisten unserer Handlungen werden unreflektiert von unserem Unterbewusstsein ausgeführt. So wird ein Verhalten, das wir regelmäßig ausüben, zu einem meist unbewussten Verhaltensmuster. Dazu zählen nicht nur aktive Tätigkeiten wie Zähneputzen oder Autofahren, sondern auch reaktive Verhaltensmuster, die unter anderem steuern, wann und wie wir emotional werden. Als Vorlage nutzt unser Unterbewusstsein unsere Glaubenssätze. Um einen Gedanken und ein Gefühl, die mit einem Glaubenssatz übereinstimmen, in eine Tat umzusetzen, schafft es sich »Bedingungsanleitungen«, nach denen es die Realität erbaut. Diese Bedingungen sind die unbekannten Variablen, die die Rechnung zwischen unserer Gegenwart und unserer gewünschten Zukunft vervollständigen sollen. Gegenwart + x = Zukunft.

Übersetzt ist eine Bedingung ein »Wenn …, dann …«-Satz. »Wenn ich die Erwartungen meiner Eltern erfülle, dann werden sie mich lieben.« – »Wenn ich härter arbeite, dann verdiene ich mehr Geld.« – »Wenn ich noch einen Nachtisch esse, dann bin ich glücklicher.« –

»Erst wenn andere mich lieben, dann bin ich liebenswert.« Das »Wenn« ist immer unsere gegenwärtige Aktion, das »Dann« ist die gewünschte Reaktion in der Zukunft. Unsere Aktion folgt der Reaktion. Nach der Auflösung der letzten Gleichung ist das Ergebnis immer ein Gefühl. »Wenn ich mehr Geld verdiene, dann kann ich mir ein neues Auto kaufen.« – »Wenn ich mir ein neues Auto kaufen kann, dann schätzt mich mein Umfeld mehr.« – »Wenn mein Umfeld mich mehr schätzt, dann bin ich **glücklich**.« Somit sind unsere Glaubenssätze die Schablonen, nach denen unser Unterbewusstsein unser Leben malt.

Zwar können wir auch bewusst eine Bedingungsanleitung ausführen, doch die Leistung unseres Wachbewusstseins wird von der Spitzenleistung unseres Unterbewusstseins weit übertroffen. Unser Unterbewusstsein ist nicht nur effektiver, indem es deutlich weniger Energie als unser Wachbewusstsein verbraucht, sondern auch ausdauernder. Wenn wir etwas Neues lernen, kostet uns die Ausübung einer neuen Tätigkeit sehr viel Energie. Von den ersten Rechnungen im kleinen Einmaleins bis zu unseren ersten Fahrstunden. Wir widmen einer neuen Tätigkeit unsere konzentrierte Aufmerksamkeit und führen sie sehr (wach-)bewusst aus. Auf diese Weise lernen wir. Erst nach ausreichender Wiederholung löst unser tüchtiges Unterbewusstsein unser erschöpftes Wachbewusstsein ab. Unsere Leistung wird höher, während unser Energieverbrauch sinkt.

Leichtes Handeln ist unterbewusstes Handeln. Auch die Leichtigkeit der Kreativität entspringt dem Unterbewusstsein. Deswegen erreichen uns die besten Ideen, wenn wir nicht mehr zwanghaft versuchen, leicht und kreativ zu sein. Angestrengtes Handeln entsteht aufgrund einer starken Reflexion unseres Handelns durch unser Wachbewusstsein. Müheloses Handeln ist hingegen das unreflektierte Handeln unseres Unterbewusstseins. Ein Leben in Leichtigkeit ist ein Leben geführt vom Unterbewusstsein.

Allerdings kann sich die Leistung unseres Unterbewusstseins auch gegen uns stellen. Das Problem entsteht, wenn unser Unterbewusstsein unsere Realität nicht nach unserem *bewussten Willen*, sondern nach unserem **un**terbewussten *Glauben* gestaltet. Die Leichtigkeit, in der das Unterbewusstsein unsere Realität erschafft, kann ebenso Fluch wie Segen sein. Das Unterbewusstsein wirkt immer. Ob es uns auf Wolken trägt oder in ein Gefängnis sperrt, hängt von der Wirkung unserer unterbewussten Glaubenssätze ab. Deswegen ist die Arbeit an den eigenen Glaubenssätzen grundlegend für eine neue Lebensgestaltung.

Die Bausteine deiner Realität

Unser Bewusstsein ist kein Ein-Mann-, sondern ein Zwei-Mann-Unternehmen. Um das riesige Unternehmen unseres Lebens mit so geringem Personal zu führen, müssen beide Leiter zusammenarbeiten. Um unser Wachbewusstsein zu entlasten, filtert unser Unterbewusstsein die eingehenden Eindrücke aus unserer Umwelt. Jeder Eindruck, der den Raum unseres Wachbewusstseins betreten will, muss zuerst durch die schmale Tür unseres Unterbewusstseins.

Mit diesem Filter schützt es uns einerseits vor einer Überflutung durch das Meer der Millionen Reize, denen wir in jeder Sekunde ausgesetzt sind. Dadurch befähigt es überhaupt erst das analytische Denken unseres Wachbewusstseins, dessen System ohne die Firewall des Unterbewusstseins ungeschützt überhitzen, abstürzen und kollabieren würde.

Andererseits selektiert unser Unterbewusstsein auch jene Eindrücke unserer Wahrnehmung aus, die es aufgrund unserer Vergangenheit als irrelevant einstuft, um sich auf jene Eindrücke zu konzentrieren, die für unsere Zukunft relevant sind.

Somit wählt unser Unterbewusstsein das Material aus, das für die Entstehung unserer Realität verarbeitet wird. Durch die Limitierung dieser Auswahl grenzt unser Unterbewusstsein einen Teil unserer Wahrnehmung aus, den wir nur unbewusst erleben. Mit jeder Selektion werden nur wenige Möglichkeiten in die streng limitierte Auswahl unserer bewussten Sinneseindrücke gewählt, während Mil-

lionen anderer Möglichkeiten aussortiert werden. Den Maßstab des
Auswahlverfahrens bilden unsere Glaubenssätze. Handeln wir unterbewusst nach destruktiven Glaubenssätzen, werden wir potenzielle
Möglichkeiten, die zwar unserem Willen, jedoch nicht unserem
Glauben entsprechen, nicht einmal wahrnehmen, da sie die Selektion unseres Unterbewusstseins nicht überstehen und noch vor unserer bewussten Wahrnehmung aussortiert werden.

Wenn der unterbewusste Glaubenssatz »Ich habe keine Liebe verdient« in uns wirkt, dann können uns die liebevollsten Menschen
des Universums mit ihrer Wärme eindecken, doch wir nehmen Lob,
Anerkennung, Gefallen und Liebe nicht wahr. Wenn wir uns einen
neuen Job wünschen, in uns jedoch der Glaubenssatz »Ich werde niemals einen besseren Job finden« wütet, dann können die besten Stel-
lenangebote des Universums in der Zeitung stehen, trotzdem werden
wir sie überlesen. Selbst wenn uns das Glück auf den Mund küsst,
wenn wir daran glauben, unglücklich zu sein, werden wir nur einen
ungewöhnlich bitteren Geschmack auf unseren Lippen spüren.

Dehnen wir durch unser Bewusstsein die Grenzen unseres Unterbewusstseins aus, dehnen wir unsere Wahrnehmung aus. Erweitern
wir unsere Wahrnehmung, erweitern wir die Möglichkeiten unserer
Realität. Statt Schwächen zu suchen, können wir Stärken erkennen.
Fallen wir einen Berg hinunter, sehen wir statt dem tödlichen Boden
den rettenden Felsvorsprung. Wo wir vorher nur Schmerz spürten,
können wir jetzt Dankbarkeit erfahren. Einsame Probleme werden
plötzlich von vielseitigen Lösungen umarmt, und neben dem bren-
nenden Fegefeuer erscheint das blühende Paradies.

Der Tresor deiner Realität

Um unser Leben überhaupt als solches wahrnehmen zu können,
liegt in unserem Unterbewusstsein der Tresor unseres Bewusstseins,
in dem wir unsere Erfahrungen als Erinnerungen vor ihrem Tod

schützen. Diesen Tresor nennen wir Gedächtnis. Wenn ein Moment beendet ist, existiert er in der äußeren Welt nicht mehr. Wir können nur die Gegenwart mit unseren äußeren Sinnen wahrnehmen. Die einzige Möglichkeit, um den Moment vor seinem Tod zu bewahren, bietet das Konstrukt der Vergangenheit. Auch das Wunder der Zeit ist das Kind unseres Unterbewusstseins. Nur dank dieser Erfindung können wir einer Erfahrung trotz ihres Todes in der Gegenwart durch eine Reinkarnation als Erinnerung ihre eigene Ewigkeit verleihen. Unser Leben ist ein buntes Mosaik aus den Erinnerungen unserer Vergangenheit, die unser Unterbewusstsein nicht nur erschafft, sondern auch schützt.

Zu leben bedeutet, die Schatztruhe unseres Bewusstseins mit wertvollen Erinnerungen zu füllen.

Die Erinnerungen an unseren ersten Kindheitsfreund, die erste Sternschnuppe, der erste Urlaub, die Einschulung, die erste Liebe, der Schulabschluss, eine Jobzusage, die Geburt unserer Kinder und die Geburt unserer Enkelkinder. Vorstellungen, denen wir intensive Bedeutungen zugeordnet haben, speichern wir mit mehrfacher Sicherung ab. Sie beflügeln uns. Häufig sind es die kleinsten Augenblicke, die unser Bewusstsein als die schönsten Erinnerungen in unserem Gedächtnis verewigt. Es sind die Momente unseres Lebens, die uns auch in den dunkelsten Stunden strahlendes Licht spenden. Zusammen ergeben sie den süßlichen Wein, der uns nach unserem Lebensabend mit einer tiefen Zufriedenheit in ein weiches Bett aus Liebe sinken lässt, bevor wir einschlafen und durch ein neues Land der Träume reisen.

Doch die Farben der Erinnerungen sind nicht immer leuchtend. Viele unserer Erinnerungen sind schmerzvoll. Eine schwere Kindheit, Mobbing an der Schule, die Trennung von der Liebe unseres Lebens oder der Tod eines geliebten Menschen. Selbst die unscheinbarsten negativen Augenblicke können den fatalsten Effekt auf unser restliches Leben haben. Sie können das strahlendste Licht in den finstersten Schatten tauchen und in das letzte Glas unseres Lebens statt lieblichem Wein tödliches Gift schenken.

Wenn wir den Zugang zu unserer inneren Quelle freilegen, werden sich schmerzhafte Erinnerungen nicht auflösen. Allerdings sind wir als Schöpfer unseres Lebens imstande, unsere Schmerzen von unseren Erinnerungen zu lösen. Dadurch können wir auch den kältesten Erinnerungen wärmende Kleider schenken. Als Dank werden sie eine neue Seite von sich offenbaren, die uns erlaubt, selbst im Tod eine verborgene Schönheit zu entdecken. So werden alte Erinnerungen im Glanz erstrahlen und neue Erinnerungen bereits als leuchtender Stern geboren.

Das prüfende Wachbewusstsein

»*Mein Leben klingt wie eine schlechte Geschichte.*«

»*Wenn es das ist, was du hörst, verrate mir: Wer schreibt diese Geschichte?*«

»*Ich weiß es nicht.*«

»*Dann verrate ich es dir. Es ist die Feder deines Bewusstseins, die das Buch deiner Wirklichkeit in der Sprache deines Glaubens, mit den Worten deiner Gedanken und den Buchstaben deiner Gefühle schreibt. Als Autor dieses Buches bist du es, der seinen Titel wählt …*«

»*… mein Leben.*«

Man mag sich fragen, wenn unser Unterbewusstsein doch so effektiv ist, wozu benötigen wir bei all seinen Leistungen noch unser Wachbewusstsein?

Unser Wachbewusstsein ist das reflektierende Bewusstsein, das als Teamleiter unser Leben beobachtet und den Kurs unserer Entscheidungen prüft.

Die Schöpfung »ist«, während der Schöpfer »bewusst ist«. Durch die Bewusstheit können wir die Schöpferkraft unseres Unterbewusstseins frei nutzen. Der bewusste Schöpfer wird zur Ursache, die Schöpfung zu seiner bewussten Wirkung. Die Reflexion ist die Fähigkeit, die uns mit unserem freien Willen nicht nur die Freiheit schenkt, sondern auch die Möglichkeit, unsere Freiheit konstruktiv zu nutzen. In den Zuständen hoher Bewusstheit können wir die Puzzleteile unserer Realität miteinander verbinden und die Mauern unserer Identität überwinden. Statt nur nach vorn und hinten zu schauen, entkrampft sich unser starrer Blick, und wir entdecken weitere Wege, die links und rechts von uns liegen. Wir befreien die Augen unseres Bewusstseins von der Blindheit unseres Unterbewusstseins und können die nächsten Schritte bewusst wählen, weil wir sehen können, wohin wir laufen.

Das Wachbewusstsein ist der Stratege in uns, der rational überlegt, während das Unterbewusstsein der Fleißige ist, der intuitiv handelt. Beide unterstützen und ergänzen einander.

Doch wenn unser Wach- und unser Unterbewusstsein nicht mehr mit-, sondern gegeneinander wirken, führen wir ein Leben, das wir nicht führen wollen.

Jeder Teil unseres Lebens, den wir uns nicht wünschen, ist ein Indikator für einen Kontrast zwischen einem Willen und einem meist unbewussten Glaubenssatz. Unser Wille steht im ständigen Kampf gegen unseren Glauben und deswegen gegen unsere Realität. Die Glaubenssätze, nach denen unser Unterbewusstsein unsere Realität erschafft, werden nicht mehr von unserem Wachbewusstsein überprüft.

So, wie der Glaube an uns die Realität mit unseren Träumen verbindet, so trennt der fehlende Glaube an uns die Realität von unseren Träumen. Wir wollen jemand sein oder etwas haben, doch wir sind in unserem Innersten unbewusst überzeugt, niemand zu sein und nichts zu haben, deswegen werden wir niemals jemand sein oder etwas haben. Wunsch und Wirklichkeit spalten sich. Zwischen ihnen entsteht eine Kluft, die mit jeder Wiederholung eines blockierenden Gedankens und einem intensiven Gefühl breiter wird.

In unserem Wachbewusstsein wissen wir, welche Entscheidungen wir treffen sollten. Ob wir uns gesund oder ungesund ernähren, ob wir Anerkennung verdient haben oder sie uns erst verdienen müssen und ob wir an unserem eigenen Traum oder dem Traum eines anderen arbeiten sollten. Doch unser Unterbewusstsein führt keine inneren Diskussionen, indem es die zweiseitigen Argumente für und gegen einen Glaubenssatz vergleicht. Stattdessen drückt es auf das Gaspedal und fährt den Kurs unseres Lebens nach der mangelhaft kontrollierten Karte unserer unbewussten Glaubenssätze. Wenn unsere bisherigen Glaubenssätze nicht mehr von unserem Wachbewusstsein erkannt werden, dann werden sie nicht mehr geprüft und veralten. Mit diesen veralteten Glaubenssätzen malt unser Unterbewusstsein in der Gegenwart weitere Bilder für das Museum unserer Vergangenheit, statt für die Galerie unserer Zukunft. Allerdings kann keine neue Zukunft mit den alten Pinseln der Vergangenheit gemalt werden.

Realität –
die Neuordnung
durch dein
Unterbewusstsein

»Warum ist die Realität nicht einfach?«

*»Sie ist einfach. Sieh zu den Tieren. Meinst du, die
Tiere empfinden die Realität als schwierig?«*

»Nein. Warum nicht?«

*»Weil die Schwierigkeit eine
Erfindung des Menschen ist.«*

»Warum haben wir die Schwierigkeit erfunden?«

*»Weil ihr die Unendlichkeit sucht, jedoch nicht
finden könnt. Am Anfang eures Lebens lernt ihr,
sie zu vergessen. Doch ihr spürt sie, deswegen
beginnt ihr, sie zu suchen. Ihr sucht sie überall.
Nur nicht dort, wo sie sich versteckt.«*

»Wo versteckt sie sich?«

*»In euch. Allerdings könnt ihr sie nicht
erkennen, denn euer Blick ist versperrt.«*

»Was versperrt uns unseren Blick?«

»Euer Glaube.«

»Und was befreit unseren Blick?«

»Euer Glaube.«

Nur wer die Gleichung unserer Realität kennt, kann sie verändern. Aus unseren Vorstellungen entstehen unsere Gedanken, aus ihren Bedeutungen unsere Gefühle. Die Wiederholung von gleichen Gedanken und intensiven Gefühlen erzeugt einen Glaubenssatz. Dieser Glaubenssatz erschafft weitere Gedanken und Gefühle, die ihm entsprechen. Daraus leitet sich unser Verhalten ab, das unsere Realität formt.

Also:

Vorstellungen und Bedeutungen → Gedanken und Gefühle → Glaubenssatz → Gedanken und Gefühle → Verhalten → Realität

Wenn wir zur Welt kommen, erhalten wir das Geschenk der Sensibilität. Als Kind sind wir besonders feinfühlig. Unsere Innenwelt reagiert sehr empfindlich auf unsere Außenwelt. Die Tür unserer Wahrnehmung ist weit geöffnet. Weil der Speicher unserer Erinnerungen noch leer ist, nehmen die Ereignisse in unserer Kindheit viel Raum ein und wiegen schwer. Auch unsere Lerngeschwindigkeit ist in jungen Jahren am höchsten. Wenige Wiederholungen oder ein intensiveres Gefühl reichen aus, um aus wenigen Gedanken und einem schweren Gefühl einen unterbewussten Glaubenssatz zu formen, den wir bis in unser Erwachsenenalter nur selten wieder verlieren.

Aus einem Kind, das von seinen Eltern nur Liebe erfährt, wenn es ihre Erwartungen erfüllt, kann ein Erwachsener werden, der die Erfüllung fremder Erwartungen weit über sein eigenes Wohl stellt. Aus einem Kind, das stark verwöhnt wird, kann ein unselbstständiger Erwachsener werden, der sich vor den Geheimnissen des Lebens fürchtet, statt sich auf seine Abenteuer zu freuen. Und aus einem Kind, das nie die Liebe erfahren hat, kann ein »liebloser« Erwachsener werden, der weder Liebe empfangen, noch geben kann.

Auch Kindheiten, die oberflächlich wie ein Bilderbuch erscheinen, können unbewusste tiefe Narben hinterlassen. Als Kinder sehen wir nur die wahre Schönheit der Welt abseits ihrer Illusionen. Doch weil die Blüte unseres Lebens trotzdem in einer Welt erwacht, die von Illusionen beherrscht wird, sind wir ihnen schutzlos ausgesetzt. Dadurch können negative Vorstellungen und Bedeutungen ungeprüft in uns eindringen und sich tief in unserem Unterbewusstsein einnisten. Die ersten Jahre unseres Lebens wirken wie eine Hypnose auf uns. Unser Unterbewusstsein ist weit geöffnet, sodass alle Eindrücke ungefiltert in uns einströmen. Das Wachbewusstsein besitzt noch keine Vergleichsdaten, um eingehende Informationen zu prüfen. Deswegen prägen die Ereignisse unserer Kindheit unser Erwachsenenleben so stark, ohne dass das Licht unseres Bewusstseins jemals die wahre Ursache unserer Entscheidungen erhellt. Falls wir es nicht mehr schaffen, unser Unterbewusstsein umzuprogrammieren, bestimmt unsere Kindheit unser gesamtes Leben.

In uns wirken unzählige Glaubenssätze, die unsere äußere Realität von innen heraus begrenzen. Ihr Großteil stammt aus unseren ersten Lebensjahren. Sie sind so tief in dem verschachtelten Labyrinth unserer Psyche versunken, dass ihre Bergung nicht nur extrem schwierig, sondern auch mit unüberschaubaren Kosten verbunden ist. Sich dem Monster zu stellen, das einen jagt, birgt die Chance, es zu besiegen. Doch wer ihm in die Augen sieht und den Kampf verliert, wird fortan keinen ruhigen Schritt mehr vorwärts gehen können, ohne nach hinten zu schauen.

Wenn wir einen Gedanken und ein Gefühl haben, die einem unserer Glaubenssätze widersprechen, bewegt sich der Glaubenssatz zu ihnen und beginnt sie zu bekämpfen, ohne dass uns bewusst ist, wer unser Gegner ist.

Wir nehmen uns zum wiederholten Male vor abzunehmen, doch wir brechen unsere Diät erneut ab. Wir versuchen, uns nicht mehr mit unserem Partner zu streiten, doch wir zetteln immer größere Kriege um immer kleinere Gebiete an. Am Anfang jedes Jahres nehmen wir uns vor, alles zu verändern, bis das neue Jahr zum alten Jahr wird und sich nichts geändert hat.

Auch nachdem wir den Kampf verloren haben, weil einzelne Fäden von Gedanken und Gefühlen schwächer sind als das starke

Bündel eines Glaubenssatzes, erkennen wir zwar unsere Niederlage, trotzdem wissen wir noch nicht, gegen wen und warum wir verloren haben.

Aber um einen alten Glaubenssatz zu besiegen, müssen wir nicht die Kriminalakte unserer Erinnerungen untersuchen und jedes Verbrechen, das uns zugestoßen ist, erneut durchleben. Wir müssen nicht ermitteln, wann die Geburtsstunde eines Glaubenssatzes war und wer mitschuldig ist. Jene Heilmethoden, mit denen wir uns in irgendeiner Form in unsere schmerzhafte Vergangenheit begeben, sie ansehen und fühlen sollen, um unser Leid zu lindern oder gar zu beseitigen, können sehr kontraproduktiv wirken. Wenn wir Unkraut oberflächlich herausreißen, während sich dessen Wurzeln unbemerkt weiter in uns ausbreiten, dient unsere Aufmerksamkeit nur als zusätzlicher Dünger. Statt es zu lösen, konzentrieren wir uns auf unser Problem. Alles, worauf wir unsere Energie richten, wird wachsen. Positiv, wie auch negativ.

Die Lösung besteht darin, unsere Energie nicht mehr auf einen alten Glaubenssatz zu lenken, sondern unsere gesamte Energie darauf zu fokussieren, einen neuen Glaubenssatz zu formen. Gedanken und Gefühle können zwar einem Glaubenssatz widersprechen, doch zwei Gegensätze können nicht gemeinsam zur selben Zeit im selben Raum wirken, denn dann wären sie nicht mehr voneinander getrennt. Die Trennung ist das Wesen eines Gegensatzes. Deswegen kann ein negativer Glaubenssatz nicht zeitgleich in einer Person gegen einen positiven Glaubenssatz wirken. Eine ausgeglichene und anhaltende Koexistenz von widersprüchlichen Glaubenssätzen in unserem Unterbewusstsein ist unmöglich.

Prallen zwei gegensätzliche Glaubenssätze aufeinander, entsteht eine Disharmonie. Sobald wir widersprüchliche Gedanken und Gefühle entwickeln, wird der alte Glaubenssatz, der gegen unsere neue Realität wirkt, kommen und den Kampf mit ihr aufnehmen. Doch statt ihn anzugreifen, verteidigen wir unseren neuen Glaubenssatz. Statt den alten zu schwächen, stärken wir unseren neuen Glaubenssatz. Je stärker unser neuer Glaube wird, desto schwächer wird unser alter Glaube. Je realer der neue Glaube, desto irrealer wird der alte Glaube.

Aus diesem Grund müssen wir nicht jeden einzelnen negativen Glaubenssatz in unserem Unterbewusstsein demaskieren, sondern nur die Diskrepanz zwischen unserem Willen und unserer Realität erkennen. Wir müssen also nicht unbedingt herausfinden, welcher negative Glaubenssatz wann gegen uns wirkt oder aus welcher Erinnerung er geboren wurde. Um ihn zu löschen, reicht die Erkenntnis, dass etwas gegen uns wirkt. Hinweise darauf geben uns Gefühle wie Wut, Hass, Enttäuschung, Trauer oder Angst. Wenn wir es schaffen, einen positiven Glaubenssatz in unserem Unterbewusstsein zu verankern, wird sich der negative Glaubenssatz automatisch auflösen. Unabhängig davon, ob wir uns seinem Aussehen und seiner Herkunft bewusst waren.

Ein negativer Glaubenssatz ist kein Feind, sondern ein Teil von uns. Statt gegen die Disharmonie zu kämpfen, harmonisieren wir einen Glaubenssatz, indem wir Wach- und Unterbewusstsein in Einklang bringen. Unser neuer Glaubenssatz nimmt ihn als rücksichtsvollen Begleiter an die Hand. Statt ihm mit Hass zu begegnen, füllen wir ihn mit unserer Liebe. Statt ihn aufzulösen, wird er erlöst.

Das Wachbewusstsein ist der Schlüssel, das Unterbewusstsein die Tür

Um neue Glaubenssätze zu erschaffen, begeben wir uns an ihren Ursprung und erschaffen neue Vorstellungen, denen wir neue Bedeutungen geben. Unsere neuen Vorstellungen und Bedeutungen entfalten ihre höchste transformative Wirkung, wenn sich der undurchdringbare Beton unserer illusionären Realität in eine zerbrechliche Wand aus Glas verwandelt.

Eine Veränderung erfolgt nach einer Erkenntnis. Eine Erkenntnis der Wahrheit wird durch eine Desillusionierung der Lüge verstärkt. Seit unserer Geburt wird uns auf direkten und indirekten Wegen suggeriert, wir seien nur ein gottloser Tropfen, getrennt von seiner Quelle. Doch in uns sprudelt die unerschöpfliche Quelle Gottes. Alle Vorstellungen, die uns in den Rahmen eines unwillkürlichen Opfers unserer Lebensumstände zwängen, sind Illusionen. Sie verschleiern die Wahrheit, begrenzen unsere Realität und füllen unser eingeschränktes Dasein mit Schmerzen.

Wenn wir sie jedoch enttarnen und einen Blick auf die Wahrheit hinter den Vorhang wagen, werden wir zum ersten Mal in unserem Leben in das ewige Auge unserer Unendlichkeit blicken.

Dieser Anblick erleuchtet uns. Unsere Unendlichkeit wird ein endloses Beet neuer Glaubenssätze formen, die durch fruchtbare Gedanken und Gefühle größter Dankbarkeit und Liebe genährt werden. Unser Verhalten passt sich an unsere neuen Glaubenssätze an, und gemeinsam mit dem Überfluss des Universums werden sie unser Paradies auf Erden schaffen.

Ein erfülltes Leben zu führen bedeutet nicht, ein ständig bewusstes Leben zu führen. Häufig sind Menschen, die versuchen, besonders bewusst zu leben, unterbewusst noch unglücklicher als »unbewusste Menschen«, weil diese nicht ihre gesamte Energie in den Versuch investieren, einen unmöglichen Zustand anhaltender Bewusstheit zu erreichen.

Uns Unbewusstes bewusst zu machen ist der erste Schritt zu unserer schöpferischen Quelle. Doch erst wenn eine Erkenntnis zu einem neuen Verhalten führt und dieses Verhalten wiederholt wird, bis es das Wachbewusstsein verlässt und in das Unterbewusstsein integriert wird, tritt eine nachhaltige und anhaltende Veränderung in der Realität ein.

Wie nachhaltig diese Veränderung ist, entscheidet, ob sie am Ursprung oder an einem Symptom ansetzt. Der Ursprung unserer Realität ist nicht unser Wachbewusstsein und wird es auch niemals sein. Unser Unterbewusstsein entwirft unsere Realität. Es beginnt bei unseren Körperfunktionen, die überhaupt erst unser Überleben ermöglichen. Zwar sind bewusste Handlungen wie eine bewusste Atmung eine effektive Hilfe, um die illusionären Probleme und Ängste aus Vergangenheit und Zukunft zu verlassen und sich in der schmerzlosen Gegenwart zu zentrieren. Wir können jedoch nicht jeden Atemzug unseres Lebens bewusst ausführen. Ausschließlich im gegenwärtigen Moment bewusst zu sein, ignoriert die Möglichkeiten, die uns Vergangenheit und Zukunft schenken, wenn wir die Konstrukte der Zeit konstruktiv nutzen. Nur noch im »Hier und Jetzt« zu leben ist zudem unmöglich, denn unsere gesamte Wahrnehmung basiert auf der Assoziation der Gegenwart mit der Vergangenheit. Wie bewusst wir auch sind, allein die Unendlichkeit eines einzigen Moments ist zu vielfältig, um sich ihr voll bewusst zu werden. Statt sich durch die Gegenwart von dem Leid aus Vergangenheit und Zukunft zu lösen, müssen wir die Vergangenheit und die Zukunft von ihrem Leid lösen.

Wir müssen nur einen Blick in den Raum um uns werfen. Uns begegnen Millionen von Reizen, die unser Bewusstsein mit all unseren Erfahrungen vergleicht, um sie auszuwerten.

Diese Arbeit kann nicht von einem Strategen erledigt werden, der jeden Reiz eingehend prüft, sondern benötigt einen leistungsstarken Macher, der umsetzt, ohne Fragen zu stellen.

Auch die Realität bewusster Menschen wird von ihrem Unterbewusstsein erschaffen. Eine neue Realität entsteht nicht durch den Ausschluss des Unterbewusstseins, sondern durch seine Umprogrammierung. Der Wandel von der theoretischen Erkenntnis in der Isolation, zum Beispiel beim Lesen dieses Buches, in einer Therapie oder einem Seminar, bis hin zur praktischen Veränderung im Alltag, in welchem wir mit unseren Ängsten, Sorgen und Problemen konfrontiert werden, ist so schwierig, weil er eine Transzendenz von uns fordert – den Übergang einer Erkenntnis von unserem prüfenden Wachbewusstsein in unser ausführendes Unterbewusstsein. Erst dann wird die Reflexion zur Vorlage der Kreation, und der Vorsatz verwandelt sich in einen Glaubenssatz.

Der einzige Schlüssel, der das verriegelte Schloss zwischen der theoretischen Erkenntnis und der praktischen Erfahrung unserer Quelle entsperren kann, ist die Transformation des bewussten Willens und Wissens in einen unterbewussten Glauben. Die Transzendenz von reflektierten Informationen in das endlose Reich des Unterbewusstseins. Die Harmonie beider Bewusstseinsebenen.

Leistungssportler sind so effektiv, weil sie jede Bewegung ihrer Sportart so häufig wiederholt haben, dass die Ausführungen ihr Wachbewusstsein verlassen haben und in ihr Unterbewusstsein gesunken sind.

Das Dribbeln oder die Schuss- und Wurftechniken im Profisport werden von ihren Akteuren unterbewusst ausgeführt. Deswegen können sie ihr Wachbewusstsein anderweitig einsetzen und Laufwege von Gegnern und Mitspielern analysieren, um in Zehntelsekunden Abspiel oder Torschuss zu planen. Jedes Training in ihrer gesamten Karriere hat das Ziel, Informationen zu reflektieren, um neue Techniken zu entwickeln oder zu verbessern und dann die neuen Informationen durch regelmäßige Wiederholung in ihr Unterbewusstsein zu transzendieren.

Dasselbe Prinzip kann auf jeden Lebensbereich angewendet werden, um ein Profi in Sachen Liebe, Reichtum, Glück und im Leben zu werden.

Nur eine wiederholte Bewusstheit kann unser Unterbewusstsein nachhaltig reprogrammieren. Weltreisen, Abgeschiedenheit, Schicksalsschläge oder auch schwere Krankheiten prägen uns, weil wir während dieser Phasen unsere Energie von den Illusionen unseres Alltags abwenden, uns so uneingeschränkt unserem Inneren zuwenden können und dadurch unsere innere Wahrheit erfahren. Mit der Dauer der Phase steigt die Wiederholung dieser neuen Erfahrungen und damit die Intensität ihrer Energie, bis das Wachbewusstsein sie in die Hände des Unterbewusstseins legt und wir buchstäblich zu einem neuen Menschen werden.

Weitaus schwieriger fällt es uns, ein neues Programm für eine gewünschte Veränderung in den Alltag zu integrieren. Unser Wachbewusstsein kann sich bis in das Universum entfalten, während Leben und Heilung stagnieren, weil unser Unterbewusstsein noch in dem engen Raum unserer unbewussten Glaubenssätze gefangen ist. Menschen, die weise leben, unterscheiden sich von Menschen, die nur weise predigen, weil ihr Wissen die Oberfläche ihres Wachbewusstseins verlassen hat. Es hat sich in den Tiefen ihres Unterbewusstseins verankert, um das Fundament zu bilden, auf dem sich alle ihre Handlungen errichten.

Unser Unterbewusstsein ist die Quelle, aus der unsere Gedanken, unsere Gefühle und unser Verhalten sprudeln. Wir wurden nicht aus dem Garten Eden verbannt. Uns wurde mit unserem Bewusstsein ein Garten ohne Grenzen geschenkt, den wir durch Wille und Glaube frei gestalten können.

Mit dem Schlüssel unseres Wachbewusstseins öffnen wir die Tür unseres Unterbewusstseins, um die Illusionen zu löschen, auf denen unsere Realität erbaut ist. Dann können wir alte Glaubenssätze mit neuen Programmen unserer Wahl ersetzen. Dehnen wir die Grenzen unseres Wahrnehmungsfilters aus, dehnen wir die Grenzen unserer Realität aus. Verändern wir die Bedeutungen, die den Erinnerungen zugeordnet sind, löschen wir die Narben der Vergangenheit. Erschaffen wir neue Vorstellungen und geben ihnen neue Bedeutungen, erschaffen wir neue Glaubenssätze und eine neue Zukunft. Reprogrammieren wir unser Unterbewusstsein, reprogrammieren wir unser Leben.

Jedes Leid der Welt entsteht durch Ausschluss. Weiß von Schwarz, Licht von Schatten und Gut von Böse. Doch statt in der Illusion von »entweder-oder« liegt die Wahrheit immer in »sowohl-als-auch«. Das Leid unseres menschlichen Lebens liegt in dem Ausschluss einer Seite unseres Bewusstseins. Unbewusste Menschen neigen dazu, ihr Wachbewusstsein auszuschließen, während bewusste Menschen dazu tendieren, ihr Unterbewusstsein auszuschließen. Erst durch die Dysbalance von Wach- und Unterbewusstsein entsteht eine Dysbalance in unserem Leben. Kopfmenschen konzentrieren sich auf die Logik und Rationalität. Herzmenschen vertrauen auf Intuition und Kreativität. Doch jeder Mensch ist Kopf- und Herzmensch zugleich. Die künstliche Trennung ist eine Illusion. Jede Entscheidung benötigt eine ausgewogene Prise Kopf, ummantelt von einer Spur Herz.

Die Neuordnung unserer Realität liegt nicht in dem Ausschluss, sondern in dem Einschluss des Unterbewusstseins. Nicht ausschließlich bewusst zu sein, sondern anfänglich bewusst zu sein, um schließlich auch wieder unterbewusst werden zu können, ohne die Verbindung zu unserer Quelle erneut zu verlieren.

Das Unterbewusstsein enthält unsere Schatten, aber es ist nicht unsere dunkle Seite. Es birgt ein unvorstellbares Potenzial, mit dem wir nicht nur Berge, sondern ganze Planeten versetzen können.

Die Quelle jeder Manifestation, die wir uns wünschen können, ist in uns und wird immer in uns sein. Wenn wir unsere Bewusstseinszustände des Wach- und Unterbewusstseins wieder miteinander synchronisieren, sodass unser Bewusstsein einen harmonisierten Einklang bildet, kehren wir in unsere Quelle zurück, in der weder Leid noch Grenzen herrschen.

Unsere innere Quelle ist ein Hologramm der universalen Quelle. In einem Hologramm trägt jeder Teil das Bild des Ganzen in sich. Alles stammt aus der universalen Quelle, in der jede Möglichkeit, die wir uns vorstellen können, bereits existiert. Verbinden wir unsere Quelle mit der universalen Quelle, können wir uns mit jeder Möglichkeit unserer Vorstellungskraft verbinden. Das Bindeglied zwischen ihnen ist unser Glaube.

Wenn wir erkennen, dass wir alles, was wir sein wollen, bereits in uns haben, lösen sich alle unsere Grenzen auf. Wir erfahren den Kosmos nicht mehr als unerreichbare Unendlichkeit jenseits des Sternenhimmels, sondern als unser »wahres Selbst« in uns und allem was ist.

> Stell dir vor, dein Unterbewusstsein wäre statt auf Armut, auf Reichtum programmiert.
>
> Statt auf Selbstzweifel, auf Selbstliebe.
>
> Statt auf Vorurteilen, auf Nächstenliebe.
>
> Statt auf Grenzen, auf Möglichkeiten.
>
> Statt auf den engen Raum deiner Vergangenheit, auf den unendlichen Raum deiner Zukunft.
>
> Dein Leben wäre erfüllt von Reichtum, Liebe, Möglichkeiten und einer grenzenlosen Zukunft.

Bewusstseins-synchronisation – Wille und Glaube im Einklang

»Warum fühlt sich mein Leben wie ein Traum an?«

»Ist es ein guter oder ein schlechter Traum?«

»Manchmal ist er gut, doch meistens ist er schlecht.«

»Ein Traum entsteht aus einem Wunsch
ohne Glauben. Ein Albtraum entsteht
aus einem Glauben ohne Wunsch.«

»Ich will nicht mehr träumen.«

»Was willst du dann?«

»Ich will leben. In einem Paradies.«

»Dann erschaffe dir dein Paradies.«

»Wie?«

»Paradiese entstehen, wenn Wunsch
und Glaube sich vereinen.«

Wenn unser Wachbewusstsein als Architekt unserer Realität nicht mehr die Bauarbeiten unseres Unterbewusstseins prüft, entstehen statt architektonischen Meisterwerken klapprige Gemäuer. Diese setzen wir unter Denkmalschutz, obwohl sie nicht den Bauplänen entsprechen, die wir für unsere Zukunft gezeichnet haben.

Wir wollen
jemand sein,
genug haben,
nicht mehr brauchen,
weniger müssen,
mehr dürfen
und alles können.

Unsere Realität entspricht jedoch nicht unserem bewussten Willen, sondern unserem unterbewussten Glauben.

Wir glauben
niemand zu sein,
wenig zu haben,
mehr zu brauchen,
viel zu müssen,
wenig zu dürfen
und nichts zu können.

Deswegen begegnen wir einem Reiz, und unser Unterbewusstsein reagiert unmittelbar ohne die Prüfung unserer Reaktion durch unser Wachbewusstsein.

Wir essen zu viel, weil wir nicht prüfen, ob uns Appetit oder Hunger leitet und ob ein kurzfristiger Genuss wertvoller ist als langfristige Gesundheit.

Wir verurteilen, weil wir nicht beurteilen, ob wir die Ursachen einer Wirkung kennen und unser Urteil nicht nur ein Vorurteil ist.

Wir streiten, weil wir nicht abwägen, ob Recht und Unrecht uns wichtiger als Liebe sind.

Wir stagnieren, weil wir nicht kontrollieren, ob ein Leben ohne Fehler nicht der größte Fehler unseres Lebens ist.

Bis wir uns in unserem Körper unwohl fühlen, krank werden, sich soziale Spannungen ergeben, die Liebe verblasst, die Beziehung scheitert und wir uns mit Reue in den Tod fürchten, statt mit Stolz zufrieden in unseren Lebensabend zu segeln.

Unsere Augen öffnen sich weit für die Wirkung, während wir blind für ihre Ursache bleiben.

Die Macht der Selbstreflexion

»Warum ist die Unendlichkeit in
uns so schwierig zu finden?«

»Weil die meisten Menschen nach fremden
Antworten leben, statt eigene Fragen zu stellen.«

»Aber es ist doch besser, nach einer
Antwort zu leben, als nach einer Frage,
deren Antwort man nicht kennt.«

»Ist das wahr? Wenn du dir eine Frage über dich
stellst, kennst du dann die Antwort nicht?«

»Ich kenne nicht auf jede Frage
über mich eine Antwort.«

»Ist das wirklich wahr? Dann kehre tiefer
in dich. Du bist dein eigener Schöpfer. Alles
entspringt aus deiner Quelle. Jede Frage
kommt von ihr, jede Antwort führt zu ihr.«

Wie also harmonisieren wir unser Bewusstsein, sodass unser Wachbewusstsein die Handlungen unseres Unterbewusstseins prüft, um statt unbewussten Albträumen, unsere bewussten Träume zu verwirklichen? Die Antwort liegt in der Frage – Selbstreflexion.

Selbstreflexion kann schmerzen, weil sie unser Ego angreift. Doch sie schadet nicht uns, sondern unserem Ego. Sie ist die Naht, die sich durch die Wunde unseres Egos zieht. Die Einstiche unserer Selbstreflexion tun ihm weh. Mit dem Schmerz wehrt sich die Wunde, um nicht von der Naht geschlossen zu werden. Doch eine geschlossene Wunde ist eine verheilte Wunde.

Erst die Selbstreflexion erschafft den Raum zwischen Reiz und Reaktion, den unser Wachbewusstsein für die Prüfung so dringend benötigt.

Ob Ernährungs-, Gesundheits-, Paar- oder Lebensberatung. Die Klienten dieser Berater sind Menschen, die wissen, was sie essen, wie sie sich bewegen, wen sie lieben oder was sie tun sollen, um ein rundum erfülltes Leben zu führen. Wir alle tragen das Wissen des Glücklichseins unser gesamtes Leben in uns, denn die Wahrheit entsteht durch ihre Einfachheit. Der Erfolg eines Beraters liegt in dem Raum, den er durch die Reflexion zwischen unserem Willen und unserem Verhalten schafft. Er zeigt uns die Wirkung unserer Ursachen, wenn wir noch unsere Augen vor ihr verschließen. Er reflektiert unser Verhalten und stellt es unserem Willen gegenüber. Erst wenn wir uns die Frage selbst stellen können, ob unser Wille, unser Glaube und unser Verhalten im Einklang stehen, sind Therapie, Training oder Beratung erfolgreich abgeschlossen.

Jedes Mal wenn wir gegen unseren bewussten Willen handeln, entspringt unser Handeln einem unterbewussten Glaubenssatz, der statt der Zukunft unseres Willens, die Vergangenheit unseres Glaubens hervorbringt. Jedes Mal wenn Gedanken, Gefühle oder Verhalten von unserem Willen getrennt sind, ist das ein Beweis, dass ein konträrer Glaubenssatz zwischen ihnen steht.

Jeder Gedanke, mit dem wir uns begrenzen, limitiert auch unsere Realität. Jedes negative Gefühl, das uns schadet, schadet auch unserer Realität. Wie könnte es unser bewusster Wille sein, eine Realität zu erschaffen, die nicht unserem bewussten Willen entspricht? Das ist unmöglich. Keine Selbstzweifel führten jemals zu Selbstvertrauen, kein Gegeneinander führte zu einem Miteinander.

Was ist besser? Ein Leben in einem beschränkten Glauben oder nach unseren uneingeschränkten Wünschen zu führen?

Die Synchronisierung unseres Bewusstseins in unserem Alltag erreichen wir also folgendermaßen: Wenn wir einem gewissen Reiz ausgesetzt werden, entsteht eine Vorstellung, die unser Unterbewusstsein mit einer negativen Bedeutung versieht. Diese Bedeutung löst einen inneren Widerstand aus. Wir sind wütend, enttäuscht, traurig oder verletzt und fühlen uns ohnmächtig. Wenn wir ein negatives Gefühl spüren, wenden wir uns für einen Moment von der äußeren Aktion ab und kehren uns nach innen, um unser Gefühl als *innere Reaktion* zu hinterfragen, bevor wir *äußerlich reagieren*. Durch die Antwort entdecken wir die Wahrheit hinter der Illusion unserer vorschnellen Bedeutung. Unseren Willen, der unseren neuen Glaubenssatz bildet, der sich mit jeder erneuten Wiederholung tiefer in unser Unterbewusstsein einprägt und den Platz des alten Glaubenssatzes einnimmt.

Stellen wir uns vor, ein Freund, ein Arbeitskollege oder Partner verhält sich ohne einen ersichtlichen Grund uns gegenüber unfreundlich. Die äußere Aktion löst einen Widerstand in uns aus, der sich durch ein negatives Gefühl wie Wut oder Trauer in uns ausbreitet. Statt dem Gefühl einem unmittelbaren äußeren Ausdruck zu verleihen, halten wir inne und hinterfragen, ob die geplante Reaktion nur ein Produkt unseres Glaubens ist oder dem Willen entspricht. Ein deutlicher Ausdruck inneren Widerstands in Form einer lauten Stimme, einer Anschuldigung oder eines trotzigen Verhaltens führt immer zu inneren und äußeren Konflikten. Diese Konflikte sind die Produkte unseres ungeprüften Glaubens und entspringen niemals unserem bewussten Willen. Durch die Selbstreflexion aktivieren wir die Fähigkeit unseres Geistes, ganzheitlich zu denken. Wir erkennen die Wirkung, noch bevor sie entsteht. Statt unfreundlich zu reagieren, können wir unser Gegenüber nach dem Grund für sein Verhalten fragen oder ihm mit Freundlichkeit begegnen, um keinen Konflikt, sondern eine harmonische Beziehung zu fördern, die unserem Willen entspricht.

Aus dem Willen der Veränderung folgt der Glaube an die Veränderung, der schließlich zur Veränderung wird. Der Prozess der Selbstreflexion wird mit jeder Wiederholung zu einem Automatismus des Unterbewusstseins. Wir beginnen, den Raum nach einem negativen Gefühl bewusst zu schaffen und uns der Reflexion bewusst zu stellen. Nach ausreichender Wiederholung entstehen Raum und Reflexion dann unterbewusst, bis schlussendlich unser Wille mit unserem Glauben synchronisiert ist und es keiner permanenten Reflexion mehr bedarf.

Stell dir vor, ich nehme dich vor jeder Mahlzeit, vor jedem Vorurteil, jeder Begegnung mit deinem Partner und jeden Feierabend an die Hand. Wir reisen gemeinsam in deine Zukunft, in der ich dir zeige, dass du krank wirst, deine Mitmenschen dich meiden und du allein ohne Partner und Kinder diese Welt verlässt, während du in den Himmel blickst und deinen Träumen nachtrauerst, weil du nie versucht hast zu fliegen.

Danach reise ich mit dir in deine alternative Zukunft, in der du auf den Flügeln deiner Gesundheit durch deinen Himmel auf Erden fliegst, deine Anwesenheit deine Mitmenschen strahlen lässt, dein Partner und deine Kinder dich unendlich lieben und ihr gemeinsam dein abenteuerliches Leben bis zum Ende voll auskostet.

Dann kehren wir zurück in die Gegenwart und ich stelle dir die Frage, ob du das Fast Food essen, den Menschen verurteilen, dich mit deinem Partner streiten und deine Freizeit verschenken willst.

Jede deiner Taten führt dich zu einer Zukunft, die deiner Gegenwart entspricht. Doch ich kann dich nicht den ganzen Tag begleiten, mit dir zwischen Raum und Zeit reisen und dir die Frage
stellen, ob du durch dein gegenwärtiges Verhalten eine Zukunft
erschaffst, die deinem wahren Willen entspricht. Deswegen erzeugen die intensivsten Therapien, die eindringlichsten Coa-
chings und die beeindruckendsten Seminare keine langfristige
Veränderung, wenn die Veränderung nicht in dir entsteht.

Nur ein Mensch kann die Macht der Reflexion in jeder notwen-
digen Konfrontation mit deinen Ängsten, Problemen und Sorgen für dich nutzen.

Nur ein Mensch ist immer bei dir, um dein Verhalten zu hinterfragen.

Du selbst.

Die Macht der Affirmation

»Wenn ich die Quelle gefunden habe, wie schaffe ich es, in ihr zu verweilen?«

»Sprich zu ihr.«

»Wie spreche ich zu ihr?«

»So, wie du zu mir sprichst. Nutze die Kraft deiner Worte. Sie sind die Träger deiner inneren Sprache, deiner Gedanken und Gefühle.

Heute nutzt ihr Menschen sie, um euch von eurer Quelle zu trennen. Doch alles, was trennen kann, besitzt auch die Macht, zu verbinden. Stelle dir vor, was du sagst, um in dein Innerstes zu gelangen. Fühle, was du sagst, um in deinem Innersten zu bleiben.«

Um den Zerfall unseres destruktiven Glaubens nicht nur zu garantieren, sondern zu beschleunigen, nutzen wir für die Integration unseres Willens die Macht der Affirmation.

Die Anwendung von Affirmationen ist ein anerkannter Prozess, in dem wir durch das wiederholte Aussprechen von positiven Glaubenssätzen wie: »Meine Gesundheit steigt mit jedem Tag« – »Mein Leben ist reich und erfüllt« oder »Ich habe den Partner meiner Träume« einen selbstinduzierten Einfluss auf unser Unterbewusstsein gewinnen. Mit jeder Wiederholung visualisieren wir die genannte Vorstellung und laden ihre Wirkung emotional auf. Zuerst stellen wir uns eine passende Momentaufnahme vor, wie einen plötzlichen Anruf mit der positiven Auswertung eines Gesundheitstests, einer unerwarteten finanziellen Einnahme oder der zufälligen Begegnung mit einem umwerfenden Menschen. Während wir die Affirmation wiederholen, kombinieren wir ihre innere Vorstellung mit den gewünschten Gefühlsqualitäten wie Dankbarkeit, Freude und Liebe. Mit jeder Wiederholung der Affirmation gewinnt unser Wille mehr Kraft.

Die Wiederholung von Gedanken und Gefühlen ist der einzige Weg, wie Vorstellungen und Bedeutungen aus unserem Wachbewusstsein in unser Unterbewusstsein sinken und dort als Glaube verankert werden können. Auch jeder unserer negativen Glaubenssätze ist durch eine unterbewusste Affirmation entstanden, indem wir destruktive Gedanken wiederholt und schmerzhafte Gefühle erlebt haben. Diesen transformativen Effekt der Affirmationen können wir bewusst ebenso für uns einsetzen, um positive Glaubenssätze zu erschaffen, die unsere unbewusst entstandenen negativen Glaubenssätze ersetzen.

Die bewusste Anwendung von bestärkenden Affirmationen ist einer der effektivsten Wege zur Neugestaltung unserer Realität, weil sie die illusionären Grenzen unserer alten Glaubenssätze übergeht und die Art und Weise, wie eine Affirmation sich manifestiert, unserem ausführendem Unterbewusstsein überlässt.

Allerdings reicht das wiederholte Aussprechen eines Satzes häufig nicht, um einen wirkungsvollen neuen Glauben zu entwickeln, der den Kampf gegen seinen konträren Glaubenssatz überlebt. Es bedarf einer Schwächung der alten Muster durch die Selbstreflexion und die Bestärkung des neuen Glaubens durch intensive positive Gefühle.

Die nachfolgenden Kapitel werden die ersten Kerben der Wahrheit in den Beton der illusionären Glaubenssätze schlagen, den wir unser gesamtes Leben lang ausgehärtet haben. So können Selbstreflexion und Affirmationen danach ihre volle Wirkung entfalten.

Aufbauend auf den Selbsterkenntnissen verursacht die Wiederholung der Affirmationen den Effekt, dass die neue innere Vorstellung realer wird als unsere äußeren Grenzen. Wenn unser Glaube an Heilung, Glück, Erfolg und Liebe realer wird als unsere Krankheit, unser Unglück, unser Misserfolg und unsere Leere, fallen alle Mauern, die uns von der Manifestation unserer gewünschten Realität trennen. Mit jeder bewussten Wiederholung bröckeln weitere Steine unseres alten Glaubens, während unser neuer Glaube sich immer weiter festigt, bis er vollständig von unserem Unterbewusstsein aufgenommen wurde. Erst dann kann die Quelle in uns ohne Anstrengungen unsere Träume verwirklichen. Unser Unterbewusstsein beginnt, unsere äußere Realität nach und nach so zu verändern, bis sie mit unserer inneren Realität übereinstimmt, die sie von uns als die neue Realität vorgesetzt bekommt. Das ist der entmystifizierte Zauber, nach dem sich jeder Glaube unserer Wahl als Wirklichkeit in unserem Leben manifestiert.

Am Ende dieses Buches erhältst du eine Liste, in der die wertvollsten Erkenntnisse aus diesem Buch als Affirmationen zusammengefasst sind.

Die Macht der affirmativen Meditation

»Die Welt ist so schnell geworden. Ich komme nicht mehr hinterher.«

»Nicht die Welt ist schnell geworden. Die Menschen sind schnell geworden. Wie ein Wirbelsturm fegen sie über ihr Leben und reißen alles mit, was sich ihnen in den Weg stellt. Weißt du, woher ein Wirbelsturm seine Kraft nimmt?«

»Nein.«

»Aus seinem Inneren. Weißt du, was im Inneren eines Wirbelsturms herrscht?«

»Nein.«

»Vollkommene Stille. Wirbelstürme entstehen, wenn gegensätzliche Luft aufeinanderprallt. So entsteht ein starkes Gewitter, woraus sich ein verheerender Sturm bildet. Doch während er im Außen wütet, kannst du in seinem Inneren stets friedvolle Zuflucht finden. Bis der Sturm sich auflöst und mit der Kraft aus seiner Mitte die Wolken beiseiteschiebt, um dir einen Blick auf die ewig scheinende Sonne zu gewähren.«

Als Schöpfer unserer Realität verlangt unser Leben nicht nur, dass wir reagieren, sondern fordert vor allem, dass wir agieren. Selbstermächtigende Heilmethoden und effektive Techniken zur Lebensverbesserung konzentrieren sich häufig nur auf eine Seite der Medaille, während sie ihre Gegenseite ignorieren.

Das Licht der Erkenntnis durch ein Selbsthilfebuch, eine Heilbehandlung oder den Besuch eines Seminars springt während der aktiven Informationsaufnahme auf uns über. Dann brennt es einige Tage, bevor es die ersten Altlasten in Form einer Arbeitsüberlastung, unerwarteter finanzieller Ausgaben oder einer Diskussion mit dem Partner wieder löschen. Es scheint, als bildeten Theorie und Praxis zwei gegensätzliche Paralleluniversen. Dieser Eindruck ist ein Indiz dafür, dass die Transzendenz des neuen Glaubens vom Wachbewusstsein in das Unterbewusstsein nicht stattgefunden hat oder fehlgeschlagen ist. Dadurch bleiben neue Informationen theoretisch und schaffen nicht den grenzüberschreitenden Sprung zur praktischen Anwendung.

Im Gegensatz dazu bietet eine ganzheitliche Methode sowohl Praktiken für den reaktiven Alltag, als auch Techniken, mit denen wir unser Unterbewusstsein abseits der alltäglichen Stressfaktoren in schützender Zurückgezogenheit aktiv umgestalten können.

Neben der Selbstreflexion und den Affirmationen, die sich vor allem als reaktive Techniken eignen, nutzen wir als dritte Hilfe eine affirmative Meditation, die unser Unterbewusstsein aktiv neu ordnet. Durch diese Form der Meditation, die denselben Prinzipien wie denen der Affirmation folgt und speziell auf sie zugeschnitten ist, können wir unsere Zukunft ungeachtet unserer Gegenwart in eine gewünschte Richtung lenken.

Eine affirmative Meditation ist eine kraftvollere Form der Affirmation. Statt einer sterilen wörtlichen Sprache nutzt sie eine bildgewaltige Sprache. Vorstellungen und Bedeutungen potenzieren ihre Wirkung, wenn wir sie in Bilderform aufnehmen und aussenden. Ausdrucksstarke Worte erschaffen Bilder, die die Sprache von Kopf und Herz sind, in der wir denken und fühlen. Ein Bild sagt dabei bekanntlich mehr als tausend Worte. Die unendliche Sprache des Bildes ist nicht nur umfassender, sondern auch intensiver als die begrenzte Sprache des Wortes. Wörter dienen dazu, die Vielfalt von Bildern einzugrenzen, um einen einheitlichen Standard von Vorstellungen und Bedeutungen zu definieren und dadurch fehlerfreier zu kommunizieren. Trotzdem übersetzen wir jedes eingehende Wort in ein Bild, um es zu verarbeiten.

Wenn wir einen Liebesroman lesen, dann lesen wir nicht nur die Worte, sondern übersetzen die wörtliche Sprache im Bewusstsein zu einer bildlichen Vorstellung. Wenn wir jedoch nicht nur von einer einfachen Liebesbeziehung lesen, sondern von zwei gänzlich unterschiedlichen Menschen, die trotz der Trennungsversuche von Familie, Freunden und weiteren Geliebten unter einer Vielzahl von Tragödien zueinanderfinden, dann haben die Bilder dieser Liebesgeschichte durch eine bildgewaltigere Sprache bereits eine stärkere Wirkung im Bewusstsein.

Nehmen wir statt bildloser Wörter ein wörtliches Bild auf, so sinkt es ohne Umwege ins Unterbewusstsein und verliert keinerlei Wirkung, die es sonst im geistigen Übersetzungsverfahren einbüßt. Deswegen haben Filme, Lieder und bildstarke Romane mehr Einfluss auf uns, als die Ratschläge eines Sachbuches oder der wissenschaftliche Vortrag eines Professors, auch wenn diese einen wertigeren Informationsgehalt bieten. Aus diesem Grund spricht die gesamte Werbeindustrie in Bildern, und deswegen hat auch Jesus seine Weisheiten in der Form von Gleichnissen gelehrt. Bilder, die mit klaren Vorstellungen und intensiven Bedeutungen geschmückt werden, besitzen den höchsten transformativen Einfluss auf unser Unterbewusstsein, das wiederum den höchsten transformativen Einfluss auf unsere Realität nimmt. Dabei ist es wichtig, dass die Bilder, die wir für die Vorstellungen unserer neuen Realität nutzen, nicht zu präzise sind. Wenn wir unsere gewünschte Zukunft zu genau visualisieren, beschränken wir durch unsere noch begrenzte Vorstellungskraft die Unendlichkeit der eintretenden Möglichkeiten und verhindern so, dass das Ergebnis noch besser wird, als wir es erwartet und uns hätten erträumen können.

Um die maximale Wirkung der affirmativen Meditation zu entfalten, nutzen wir sie ein- bis zweimal täglich, wahlweise morgens nach dem Aufwachen oder nachts vor dem Schlaf. Während sich Affirmationen besonders in der Anwendung im Alltag eignen, sind affirmative Meditationen vor allem abseits des Alltags effektiv. Im Dämmerzustand ist das Unterbewusstsein am empfänglichsten, weil wir in diesen Phasen dazu tendieren, Willensanstrengungen, wie den inneren Kampf gegen einen neuen Glaubenssatz, zu vermeiden. Die Abwehr unseres destruktiven Glaubenssatzes ist geschwächt, während sich unser Unterbewusstsein gleichzeitig durch eine erweiterte Wahrnehmung öffnet. Zusätzlich trennt uns vor und nach dem Schlaf der größte zeitliche Abstand vom Stress unseres Alltags. In diesem Zustand sind wir aufnahmefähiger, konzentrierter und kreativer als während der Hektik, die am Tag durch die Sinnesüberreizungen und Aufgabenüberlastung entstehen können. Abseits des Alltagsstresses entwickeln wir uns in unseren erhöhten Bewusstseinszustand zurück, was auch die Effektivität der affirmativen Meditation erhöht. Wenn wir unseren Stress loslassen, trennen wir uns von unseren reaktiven Gedanken- und Gefühlsmustern, um entspannt in den ruhigen Urzustand unseres aktiven Schöpfertums zurückzukehren. Wie bei der Wiederholung der Affirmationen erschaffen wir so durch die bewusste Verbindung konzentrierter Gedanken und intensiver Gefühle eine neue innere Wirklichkeit, die realer wird als unsere alte äußere Realität und so die Glaubenssätze unseres Unterbewusstseins transformiert.

Affirmative Meditationen ergänzen die zentrierende Wirkung einer Meditation mit dem transformativen Effekt einer Affirmation. Beide Praktiken sind nur mystisch, wenn wir sie mystifizieren. Gerade die Meditation wird häufig missverstanden. Es ist nicht nur eine Methode, um zur Ruhe zu kommen oder den Kopf von seinen Gedanken zu befreien. Vielmehr lehrt uns die Kunst der Meditation, die Energie unseres Bewusstseins zu bündeln und neu auszurichten, um die Möglichkeiten unserer Wahl durch unsere konzentrierte Energie zum Wachsen zu bringen.

Die erweiterten Formen der Affirmation und Meditation sind extrem wirkungsvolle Bewusstseins- und Konzentrationsübungen, die gewünschte Bewusstseinszustände erschaffen, ausdehnen oder verändern. Sie verändern uns nicht nur auf geistiger, sondern auch

auf biologischer Ebene. Die Schnittstelle zwischen unserer Außen-
und unserer Innenwelt bildet unser Gehirn. Es ist in verschiedene
Bereiche eingeteilt, denen verschiedene Funktionen zugeordnet werden. Zum Großteil besteht es aus Nervenzellen, die wir Neuronen
nennen. Je nach Erfahrung aktiviert das Gehirn verschiedene Neuronen. Wenn Neuronen gemeinsam aktiviert werden, knüpfen sie Verbindungen miteinander, sodass neuronale Netzwerke entstehen.

Weil eine einzelne Erfahrung pro Sekunde aus mehreren Millionen Sinneseindrücken besteht, filtert unser Unterbewusstsein unsere
Wahrnehmung und gewährt nur noch etwa 40 Sinneseindrücken den
Zugang zu unserem Wachbewusstsein. Um diese Eindrücke verarbeiten zu können, müssen verschiedene Neuronen in den unterschiedlichen Teilbereichen des Gehirns miteinander kommunizieren. Diese
Kommunikation findet durch Gehirnwellen statt. Hirnforscher unterscheiden zwischen verschiedenen Gehirnwellenfrequenzen, die sich wiederum durch ihre Geschwindigkeit voneinander abgrenzen. Je schneller
unsere Gehirnwellen verlaufen, desto mehr Eindrücke verarbeiten wir.
Diese Eigenschaft ist für unsere kognitiven Höchstleistungen verantwortlich. Gleichzeitig erzeugt sie in ihrer Polarität durch einen anhaltenden Zustand der innerlichen Überlastung auch unseren Stress.

Statt unsere Gehirnwellenfrequenz von äußeren Einflüssen abhän-
gig zu machen, können wir sie durch die Steuerung unserer Innenwelt
regulieren. Damit lösen wir den Energiestau und nutzen den Fluss der
befreiten Energie als Schöpfer. Eine der effektivsten Methoden, um
aus der hektischen Beta-Gehirnwellenfrequenz in eine ruhige Alpha-
Gehirnwellenfrequenz zu wechseln, ist die Meditation. Wenn sich unsere Gehirnwellen harmonisch bewegen, gewinnen sie an Ordnung.
Je geordneter die Gehirnwellen verlaufen, desto höher ist die Leistung
unseres Gehirns. Schaffen wir es, die Ordnung unserer Gehirnwellen zu erhöhen und aufrechtzuerhalten, weitet sich unser Bewusstsein.
Wach- und Unterbewusstsein harmonisieren sich, und wir fangen an,
die Verbindung zwischen unserer Innen- und Außenwelt zu erkennen. Während sich unsere Probleme auflösen, beginnt sich ein neuer
Glaube und damit eine neue Realität zu formen.

Die meditative Reise in unseren Kosmos

Die affirmative Meditation beginnt mit der Wahrnehmung von Körper, Geist und Raum. Wir geben uns mit unserer vollen Aufmerksamkeit der Gegenwärtigkeit hin, um unser Bewusstsein von den destruktiven Sprüngen zwischen Vergangenheit und Zukunft zu befreien.

Zunächst entspannen wir uns und kehren uns nach innen. Wir reisen durch unseren Körper und spüren die Energie der Quelle, die in uns sprudelt und unsere Realität erschafft. Dann begeben wir uns Schritt für Schritt von unserem Körper in den Kosmos. Von dem Raum in uns, bis zum unendlichen Raum des Universums. Was wie eine Reise in die Weite wirkt, ist eine Reise in die Tiefe. Wir verlassen die Grenzen unseres Körpers und treten durch unser Bewusstsein in die Unendlichkeit, um uns mit der Quelle der Ewigkeit zu verbinden. Schließlich verlassen wir die Grenzen unseres Körpers und erfahren uns als grenzenlosen Kosmos.

Dann befinden wir uns in unserer Quelle. Wir sind der Schöpfer. Unsere Realität ist unsere Schöpfung. Jede Vorstellung, die wir in dem Bewusstsein unserer unerschöpflichen Quelle erschaffen und mit intensiven Bedeutungen versehen, wird sich manifestieren. Deswegen trennen wir uns als erstes von unserem Leid. Wir erschaffen einen Raum, den wir mit unserem alten Leid füllen. Dann verlassen wir ihn und schließen ihn mit unserer Liebe ab. Danach begeben wir uns in den Raum unserer Wünsche. Wir verbinden unsere Gegenwart mit unseren Träumen und lösen so den Raum auf, der sie voneinander trennt.

Wir kreieren eine innere Realität, die realer wird als unsere äußere. Wenn wir diese Wirklichkeit erreicht haben, schwingen unsere zwei Bewusstseinsebenen im Einklang. Die Harmonie dieser Schwingung erzeugt so hohe Energien, dass sie sich durch unsere Quelle in unsere Realität manifestieren wird. Durch unsere innere Unendlichkeit verlassen wir unsere äußeren Grenzen. Aus innerem Glück entsteht äußeres Glück. Aus innerem Reichtum entsteht äußerer Reichtum. Und aus innerer Liebe entsteht äußere Liebe. Vor dem Ende sprechen wir noch ein affirmatives Mantra, damit es sich in unserem Unterbewusstsein festigt und uns sowohl in der Nacht als auch durch den Tag begleitet.

Unsere meditative Reise endet mit der bewussten Atmung, um unser altes Ego auszuatmen, während wir unser neues Selbst tief einatmen. Während der Meditation lassen wir unseren inneren Kritiker los, der prüft, ob wir auch alles korrekt ausführen. Meditationen lassen sich nicht falsch ausführen. Jeder Mensch, der mit der Kunst der Meditation anfängt, beginnt sie als unkonzentrierter Beobachter. Doch mit jeder Wiederholung schärft sich unsere Achtsamkeit und damit auch der transformative Effekt der Bewusstseinsreise. Irgendwann erreicht jeder Mensch die Meditation, in der er »Feuer fängt«. Wir erreichen einen so hohen Bewusstseinszustand, dass unsere inneren Vorstellungen und Bedeutungen realer werden als die Erfahrungen in unserer Außenwelt. In diesem Augenblick, in dem wir die wahre Kraft unseres Bewusstseins erstmalig in seiner vollen Blüte erfahren, werden wir zu einem Meister unseres Bewusstseins. Alle Widerstände lösen sich auf. Das Einzige, was noch zwischen uns und allem steht, was wir uns wünschen, ist die Zeit, die der Übergang von der feinstofflichen Energie einer Vorstellung in seine materielle Manifestation benötigt.

Affirmationen sind das Pflaster, das wir nutzen, um eine akute Wunde zu schließen. Die affirmative Meditation ist die Kur, die unseren Körper nachhaltig von allen Wunden befreit und durch regelmäßige Wiederholung eine so starke regenerative Wirkung entwickelt, dass wir buchstäblich neugeboren werden.

Beide Praktiken sind aufeinander abgestimmt. Sie harmonieren und bilden in ihrem Einklang nicht nur eine Selbsthilfemethode, sondern ermöglichen es uns, unser ganzes Leben dankbar anzunehmen und es nach unseren Visionen zu formen.

Die affirmative Meditation steht am Ende dieses Buches, nachdem die neuen Informationen unser Unterbewusstsein bereits für ihre transformative Wirkung geöffnet haben. Sie wird dich von deiner Außenwelt trennen, um im Inneren eins mit ihr zu werden. Wer grenzenlos werden will, muss zuerst seine physischen, dann seine metaphysischen Grenzen überwinden. Doch nur wer seine Grenzen wahrnehmen kann, kann sie auch überschreiten.

Das ambivalente Potenzial des positiven Denkens

*»Falls ich wirklich die Unendlichkeit
in mir finde, warum sehe ich dann nur
Dunkelheit, wenn ich mich ansehe?«*

*»Es genügt nicht, dich anzusehen. Wenn du dich
nur von außen betrachtest, kannst du nicht an das
Licht deiner Quelle glauben, denn dann blickst du
nicht in dich hinein. Erst wenn du in dich schaust,
wird das Licht deiner Quelle auf dich scheinen.«*

*»Wenn in mir Licht ist, warum werde ich dann
überhaupt von Dunkelheit umgeben?«*

*»Die Dunkelheit ist um dich, solange auch etwas
von ihr in dir ist. Sie existiert, um dir das Licht
zu zeigen. Ohne sie besäße das Licht keine
Bedeutung. Du könntest es nicht wahrnehmen,
weil nichts anderes existieren würde. Erst
die Dunkelheit offenbart dir das Licht.«*

»Bedeutet das, dass ich immer von Dunkelheit
umgeben sein werde, um das Licht zu erfahren?«

»Nein. Wenn du den Schlüssel findest, die Tür öffnest
und hinunter in deine Quelle tauchst, badest du im
ewigen Licht der Unendlichkeit. Ist es dein Wille in
der Quelle zu verbleiben, verbleibst du in ihrem Licht.
Verlässt du sie, verlässt du auch ihr immerwährendes
Licht. Doch wenn dein Wille ausreicht, kannst
du jederzeit zurückkehren. Bis dein Wille stark
genug wird, dass er zu deinem Glauben wird.
Dann wird das Licht aus deiner Quelle sprudeln,
und dein ganzes Universum wird erstrahlen.«

Wenn positives Denken auf negative Glaubenssätze trifft, bestärken wir bei unzureichender Wiederholung die Grenzen unserer Realität, die unsere Glaubenssätze erschaffen haben. Positive Gedanken und ein schwacher Wille reichen nicht aus, um die destruktiv bestimmten Handlungen in ein positives Grundverhalten zu transformieren. Wenn sich weder unsere Aktionen, noch unsere Reaktionen ändern, werden wir trotz warmer Gedanken in einem kalten Leben erfrieren. Wenn wir uns emotionslos einreden, wir seien selbstbewusst, während wir unterbewusst überzeugt sind, wertlos zu sein, wird unser Selbstvertrauen noch weiter sinken. Mangelndes Selbstvertrauen ist der Glaube, unvollkommen zu sein. Wenn wir bewusst an unserem Selbstvertrauen arbeiten, konzentrieren wir uns verstärkt darauf, ob wir selbstbewusst sind oder nicht. Doch nicht unsere Gedanken bestimmen unsere Handlung, sondern unser Glaube. Wenn wir versuchen, selbstbewusster zu werden, während wir daran glauben, unvollkommen zu sein, werden Selbstzweifel unsere Handlungen bestimmen. In der Folge sammeln wir weitere Erfahrungen, die uns als Beweis unserer Unvollkommenheit dienen.

Durch die Hoffnung, die wir durch das positive Denken entwickeln, konzentrieren wir uns dann umso mehr auf die Erfahrungen, die wir erleben. Die Konzentration verleiht den Erfahrungen mehr Energie, sodass negative Erfahrungen eine noch verheerendere Wirkung auf unser Selbstbewusstsein haben, als vor der verstärkten Konzentration auf die erhoffte Besserung.

So kann positives Denken sehr negativ wirken. Es wird zu dem Wasser, das den Beton unserer negativen Glaubenssätze härten kann. Allerdings kann Wasser Beton nicht nur härten, sondern auch zerstören. Ein winziger Riss reicht aus, damit es in den negativen Glaubenssatz einströmen kann. Dann beginnen die Samen unserer positiven Glaubenssätze zu keimen. Die Pflanze folgt dem Weg des Wassers und dringt in den Zement unseres alten Glaubenssatzes ein. Durch die Wiederholung des neuen Glaubenssatzes strömt weiteres Wasser ein. Der Beton wird brüchiger, während die Pflanze durch das Wasser weiter wächst, bis der neue Glaubenssatz schließlich den alten

Glaubenssatz sprengt. Ein neuer Bewusstseinszustand richtet sich zur Sonne deines Lebens auf und lässt deine Realität erblühen.

Die folgenden Kapitel dieses Buches enthalten Informationen, die zunächst destruktive Glaubenssätze desillusionieren und danach die Entwicklung konstruktiver Glaubenssätze einleiten. Die wichtigsten Informationen werden stellenweise wiederholt, um beim Lesen bereits die Schwelle des Wachbewusstseins zu überschreiten. Jede Erkenntnis schlägt dabei einen neuen Riss in den Beton aus alten Überzeugungen. Die Wahrheit wird die Illusionen immer weiter lösen. Je weiter wir uns öffnen, desto weiter werden die Risse. Bis die Erkenntnisse schließlich die Vergangenheit aufbrechen und einen Nährboden für eine neue Zukunft schaffen, die wir frei gestalten können.

Energie –
die Ursachen
und Wirkungen
in deinem Leben

»Woraus besteht das Universum?«

»Aus dem, was die Sonne zum Lachen
und die Wolken zum Weinen bringt.

Was den Wind zum Singen und die
Erde zum Tanzen bringt.

Was die Luft zum Wirbeln und die
Wellen zum Reiten bringt.

Was die Vögel zum Fliegen und die
Fische zum Schwimmen bringt.

Was den Baum zum Wachsen und die
Früchte zum Fallen bringt.

Es ist die Heilung und die Krankheit.

Es ist die Geburt und der Tod.

Es ist endlich und unendlich.

Wenn es zu dir kommt, verlässt es dich wieder.

Und doch ist es immer bei dir, auch
wenn du es niemals siehst.

Es ist du, und du bist es.

Weißt du, was es ist?«

»Nein. Was ist es?«

»Alles.«

Welchen Weg unsere Seele auch wählt, an welcher Kreuzung sie abbiegt, in welchem Kreis sie sich dreht und an welche Mauern sie prallt – jedes Leben ist eine Erfahrung der Seele, die sich zurück in ihre Unendlichkeit entfaltet. Der Weg in die Unendlichkeit ist ein Weg ohne Anfang und Ende. Um mit dem menschlichen Bewusstsein die Wege unseres Lebens zu verstehen, müssen wir uns an den Ursprung allen Seins begeben. Unser Leben ist das Hologramm eines ganzen Universums. Um zu begreifen, wieso sich unsere Planeten in bestimmte Richtungen bewegen, müssen wir uns zu den Elementarteilchen unseres Lebens begeben.

Auch Physiker folgen diesem Ansatz, um die Geheimnisse unserer Welt zu enträtseln. Sie tasten sich von unserem Makrokosmos schrittweise hinunter in unseren Mikrokosmos, um aus einem Elementarteilchen Gesetzmäßigkeiten abzuleiten, die als Analogien für ganze Planeten gelten. Ob Physik, Chemie, Biologie oder Philosophie, alle Wissenschaften lehren uns, dass die großen Teile aus den kleinen Teilen bestehen und dass es die kleinen Teile sind, die den großen Unterschied machen. Deswegen begeben wir uns nun zu dem winzigsten Teil, das den gigantischsten Unterschied macht. Zu dem einen Teil, das jeden Unterschied macht. Dem ewigen Zustand allen Seins – der Energie. Energie ist alles. Sie ist jede Ursache und jede Wirkung. Unvergänglich und damit unendlich.

Nach der Urknalltheorie sind alle Manifestationen aus einem zentrierten Punkt unendlicher Energie entstanden. Die Ausdehnung dieses Punktes nehmen wir als Universum wahr.

Mit unseren fünf Sinnen können wir Energie nicht in ihrem verbundenen Urzustand allen Seins wahrnehmen. Erst durch die Trennung manifestiert sie sich und erscheint uns als Wesen oder Gegenstand. Auch unsere Gedanken und Gefühle lassen sich als Ursache äußerer Manifestationen weder sehen oder hören, noch können wir sie riechen, schmecken oder fühlen. Erst ihre Wirkung können wir mit Augen, Ohren, Nase, Mund oder unserer Haut wahrnehmen. Wenn wir einen Menschen zum ersten Mal küssen, können wir die Aufregung in seiner Mimik sehen, sein verlegenes Lachen hören, sein verlockendes Parfüm riechen, seine weichen Lippen schmecken und seinen lebendigen Herzschlag spüren. Nur wenige Wirkungen, die alle aus der göttlichsten Ursache des Universums entspringen – Liebe. Sie ist eine unsichtbare Ursache, und liebevolle Handlungen sind ihre sichtbare Wirkung.

Nach diesem Verhalten von einer unsichtbaren Ursache, der eine sichtbare Wirkung folgt, manifestiert sich auch Energie. Machen wir sie äußerlich nutzbar, lässt sie sich auch mit unseren fünf Sinnen erfahren. Das Auto, das durch die Verbrennung des Benzins fährt oder die Solarlampe, die durch das Licht der Sonne leuchtet. Wir können mit dem Benzin die energetische Ursache und mit dem fahrenden Auto seine energetische Wirkung sehen. Doch weder das Benzin noch das Auto sind das Wesen der Energie, sondern ihre Manifestation.

Genauso können wir unsere Gedanken und Gefühle als Ursachen verstehen und unser Leben als ihre Wirkung, doch wir können kein Bild von dem Wesen eines Gedankens oder eines Gefühls zeichnen. Auch sie sind somit Energien, die wir erst durch ihre Wirkung mit unseren äußeren Sinnen wahrnehmen können.

Alles, was wir wahrnehmen, ist Energie, die sich in unterschiedlichen Formen ausdrückt. Von den ersten Schmetterlingen im Bauch bis zu unseren Enkelkindern. Von einer Idee bis zu einem Denkmal. Von einer Erinnerung bis zu unserem Leben.

Was wir denken und was wir fühlen hat die höchste schöpferische Kraft auf unsere Realität, weil Gedanken und Gefühle der höchste Ausdruck unserer Energie sind. Wer sein Verständnis von Energie auf die sichtbare Welt beschränkt, erkennt nur materielle Partikel, statt den geistigen Kosmos zu erfahren, aus welchem sich die Materie bildet. Der Sauerstoff, den wir einatmen, und unsere Lunge unterscheiden sich lediglich durch die Anzahl, Anordnung und Bewegung ihrer kleinsten Teilchen. Alles Erfassbare besteht aus Atomen, die wiederum aus Protonen, Neutronen sowie Elektronen und schließlich aus Quanten aufgebaut sind. Der leere Raum zwischen Atomkern und Atomhülle füllt 99 Prozent des Atoms, während sein materieller Anteil sich auf unter 1 Prozent beschränkt. Materie ist lediglich die Summe der Energien ihrer Elementarteilchen in verdichteter Form.

Je immaterieller die Struktur wird, desto höher wird ihre Energie. Die verheerende Explosionskraft einer Atombombe wird durch eine Kernspaltung erzeugt, bei der eine unkontrollierte Kettenreaktion in kleinster atomarer Größe eine monströse Energiewelle freisetzt. Sinken wir in noch tiefere Ebenen, erreichen wir die höchste schöpferische Macht im Universum – unser Bewusstsein.

Die Kraft von Wille und Glaube ist unvorstellbar. Sie kann derart hohe Mengen an Energie katalysieren, dass jeden Tag Menschen auf der ganzen Welt Übermenschliches leisten und »Unmögliches« möglich machen. Nicht nur die Atombombe ist eine Schöpfung, die aus der menschlichen Vorstellungskraft hervorging. Auch die mehr als 300.000 Neugeborenen, die jeden Tag unsere Erde bereichern, sind unsere Schöpfung. Jeder Mensch mitsamt allem, was er schafft, entsteht aus schöpferischen Gedanken und Gefühlen. Mit dem Bewusstsein verbirgt sich die höchste Energie des Universums in ihrem göttlichen Ebenbild – in uns.

Der Moment, in dem wir erkennen, dass alles aus Energie besteht, wird unser ganzes Leben verändern. Jedes Bild wird sich für uns verändern, weil wir erkennen, dass wir die Farben jedes Bildes wählen und neu mischen können. Nicht Materie verändert Materie, Energie verändert Materie. Wer nicht erkennt, dass alles aus Energie besteht, muss nur seine Definition von Energie ersetzen.

Energie ist genauso wie das Universum, Gott oder unser Bewusstsein schwierig vorstellbar, weil sie unendlich ist. Unendlichkeit lässt sich nicht in die Grenzen der Materie sperren, mit denen wir unsere Vorstellungskraft beschränken. Energie ist nicht nur Wärme, Wind, oder Strom. Sie ist noch ursprünglicher. Energie ist genauso wenig wie das Universum, Gott oder unser Bewusstsein ein Wesen, denn ein Wesen allein ist nur eine vergängliche Wirkung eines schöpferischen Ursprungs. Statt vergänglicher Wesen sind die Formen der Unendlichkeit ewige Zustände. Um das Wissen der energetischen Lehre zu verstehen, können wir die Vorstellung von Energie durch unsere Beschreibung von Ursache und Wirkung ersetzen. Hat jemand oder etwas eine bestimmte Energie, dann hat es als Ursache eine bestimmte Wirkung. »Ursache und Wirkung« bilden somit eine vollwertige Übersetzung von »Energie«, die zu einem besseren Verständnis der energetischen Lehre beiträgt.

Betrachten wir die Welt durch die Gläser von Ursache und Wirkung, hebt sich ihr Schleier ursachsloser Wirkungen und wirkungsloser Ursachen. Hinter dieser Illusion verbirgt sich die Wahrheit, dass niemals etwas ohne eine Ursache und eine Wirkung existiert hat oder existieren wird. Von der Leere bis in die Unendlichkeit. Alles ist und hat sowohl eine Ursache, als auch eine Wirkung. Alles ist und hat eine Energie. Die Bücher, die wir lesen, das Wetter, das wir sehen, der Beruf, den wir ausüben und die Menschen, die uns umgeben. All das, was wir gestern getan haben, gerade tun und morgen tun werden.

Dass Ursachen und Wirkungen unbewusst wirken, ändert nichts daran, dass Energie immer und überall wirkt. Sind wir uns der energetischen Wirkungen von uns, anderen Menschen, Gegenständen, Umständen oder Ereignissen nicht bewusst, können sie unbewusst gegen uns wirken. Wir werden zum Opfer unseres Lebens. Ein vermeintlich unbeteiligtes Produkt, das von den Energien unserer Umwelt willenlos erzeugt und verändert wird. Lüften wir hingegen die Illusion und sehen statt Zufällen und unveränderbaren Zuständen die Welt in ihren Ursachen und Wirkungen, können wir nicht nur die Welt verstehen, sondern sie aktiv erschaffen und verändern. Wir werden zum einflussreichen Mitgestalter unserer Umwelt.

Was wir uns auch wünschen, wir können die Ursache jeder Wirkung in unserem Leben werden. Die einzige Frage ist:

Welche Wirkung soll mein Leben haben?

Energie ist Ursache und Wirkung. Nicht mehr und damit doch alles. Ursache und Wirkung bilden eine endlose Kette aus abwechselnden Ursachen und Wirkungen, die niemals abbricht, weil Energie niemals verloren geht, sondern nur ihre Form ändert.

Wenn wir die Opfer eines Verkehrsunfalls sehen, empfinden wir Mitleid, Trauer und Hoffnung für die Betroffenen. War es ein schwerer Unfall, der schwere Gedanken und Gefühle in uns ausgelöst hat, kann er unsere Glaubenssätze verändern, sodass wir uns in unserem Leben fortan mehr auf unsere Sicherheit konzentrieren. Bei jeder Fahrt unseres zukünftigen Lebens prüfen wir, ob wir angeschnallt sind, fahren niemals zu schnell und bleiben bei jedem Stoppschild aufmerksam stehen. Wenn wir Kinder haben und sie erwachsen werden, nehmen sie sich ein Beispiel an unserer bedachten Fahrweise und fahren ebenfalls vorsichtig. Bis sie dieses Verhalten schließlich an unsere Enkelkinder weitergeben, die wiederum an ihre Kinder usw. Aus einer Ursache von uns als Zeuge eines schweren Unfalls resultiert eine unendliche Kette an Wirkungen.

Vorstellungen können mithilfe von Bedeutungen gewaltige energetische Wirkungen aufbauen. Die Vorstellung, seinen gesamten Besitz zu verlieren, kann eine so hohe Energie entfachen, dass die Angst bereits Menschen in den Tod getrieben hat. Die Vorstellung, eine berufliche Spitzenposition zu erreichen, kann eine so hohe Energie tragen, dass Menschen sich mehrere Jahrzehnte als Sklaven dieser Vorstellung beruflich aufopfern.

Aus einer energetischen Ursache folgen unendliche energetische Wirkungen, die Universen retten und zerstören können. Doch genauso wie die hohen Energien intensiver Bedeutungen unbewusst gegen uns wirken, können sie auch für uns wirken. Bereits als Kinder haben die Vorstellungen von Geschenken an Geburtstagen und Weihnachten eine so große Vorfreude in uns ausgelöst, dass wir vor lauter Energie abends nicht einschlafen konnten und am frühen Morgen trotzdem hellwach aufgewacht sind. Auch unsere erste Liebe hat uns beflügelt und ein unbekanntes energetisches Niveau in uns aktiviert. Diese Energie, die wir in Momenten höchster Freude und Liebe empfinden, tragen wir jeden Tag unseres gesamten Lebens in uns. Allerdings sind wir uns dessen nicht bewusst und können deswegen nicht darauf zugreifen. Lernen wir unsere Gedanken und Gefühle durch die Umprogrammierung unserer Glaubenssätze zu steuern, dann lernen wir, unsere Energie zu katalysieren und können uns jeden Tag so fühlen, als sei es unser reich beschenkter Geburtstag, an dem wir die Liebe unseres Lebens kennenlernen.

==Eine Vorstellung ist immer die energetische Ursache, und die Bedeutung, die wir ihr zuteilen, löst die energetische Wirkung in uns aus.== Die Bedeutungen, die wir aktiv und eigenwillig in unserer Innenwelt erschaffen, bestimmen somit wesentlich den Einfluss der Energien, die in unserer Außenwelt passiv auf uns einwirken. Somit kann eine Vorstellung für einzelne Menschen eine unterschiedliche Wirkung haben, weil wir ihr durch individuelle Bedeutungen verschiedene Energien zuteilen.

Wenn zwei Männer in einem Fahrstuhl auf eine Frau treffen, kann sie für einen Mann nur eine von vier Milliarden Frauen sein, der er einen einzigen Blick widmet, bevor sie sich nie wiedersehen werden. Für den anderen Mann kann diese Frau der leuchtendste Stern in seinem Universum werden, mit der er den Rest seines Lebens teilen wird und aus deren Beziehung zahllose Generationen entstehen. Nicht die Energie der Frau hat sich geändert, sondern die Wirkung ihrer Energie, welche die beiden Männer ihr jeweils verliehen haben.

Genauso kann ein Mensch, der seinem Beruf mit Begeisterung nachgeht, ohne Anstrengung mehr als acht Stunden pro Tag und mehr als fünf Tage pro Woche arbeiten. Trotzdem wird er nicht krank und brennt nicht aus, weil er vor Energie strotzt. Während ein anderer Mensch, der denselben Beruf unter extremen Widerständen gegen seinen Willen ausübt, bereits am Sonntagabend nur durch seine Vorstellung und Bedeutung des Montags hohe Energieverluste erleidet.

Die energetische Ursache ist bei beiden Menschen identisch. Trotzdem steigt die Energie des einen Menschen an, während die Energie des anderen Menschen selbstzerstörerische Tiefen erreicht, ==weil die Wirkung einer Ursache durch die Bedeutung unserer Vorstellung entsteht.==

Allein diese Erkenntnis kann unsere Realität bereits aus ihren Angeln heben. Die Energie, die von äußeren Ursachen wie Menschen, Gegenständen, Ereignissen und Umständen in uns wirkt, bestimmen wir selbst zu einem entscheidenden Anteil durch die Bedeutung, die wir ihr innerlich zuteilen.

Nicht das Wetter ist schlecht und löst Müdigkeit oder Unwohlsein in uns aus. Nicht der Winter ist ungemütlich und treibt uns in eine Winterdepression. Auch kein anderer Mensch ist »böse« und raubt uns ohne unsere unbewusste Resonanz Energie. Zwar besitzt jede Ursache auch eine eigene Energie, die uns beeinflussen kann, allerdings entsteht die energetische Wirkung in uns maßgeblich durch die bewusste oder unbewusste Bedeutung, die wir einer Ursache geben.

Die energetische Lehre kann für die Menschen, die sie nicht kennen, dramatische Folgen haben. So kann das Wissen, dass wir eine Krankheit haben, unsere Krankheit verschlimmern, indem unser Unterbewusstsein unser Energieniveau unserem Glauben anpasst, krank zu sein. Der Energieverlust entsteht nicht nur durch die Krankheit, sondern auch aufgrund des Glaubens an die Krankheit. Diese Veränderung tritt unabhängig davon ein, ob wir wirklich krank sind oder nur eine irrtümliche Prognose erhalten oder vermuten. Für einen religiösen Glauben bedeutet diese Erkenntnis, dass wir nicht für unsere Sünden bestraft werden, sondern wegen des Glaubens an unsere Sünden. Nach demselben Prinzip treten auch die zurückkehrenden Folgen von Karma ein. Wir beeinflussen die Wirkung dadurch, dass wir an sie glauben.

Wissenschaftlich fundierte Beweise bieten der Placebo- und Noceboeffekt. Die Wirkungen dieser Phänomene sind heutzutage unumstritten. Der Effekt, den wir Placebo nennen, ist eine energetische Selbstheilung durch die Energie unserer Gedanken und Gefühle. Ob er wirkt oder nicht wirkt, hängt nur davon ab, ob wir an ihn glauben.

Viele Menschen glauben an den Placeboeffekt, während sie nicht daran glauben, dass unsere Gedanken und Gefühle eine Energie übertragen, die andere Energien beeinflussen, obwohl beide Beschreibungen ein und dasselbe sind.

Ebenso starke Auswirkungen wie der positive Glaube besitzt auch ein negativer Glaube. Bis zu 70 Prozent der Gedanken und Gefühle eines Durchschnittsbürgers sind negativ.

Als Beweis genügt eine kurze Reflexion unseres durchschnittlichen Arbeitstags. Wie oft haben wir positive Gedanken von Freude, Glück, Dankbarkeit, Vertrauen und Liebe? Wie oft haben wir negative Gedanken von Trauer, Unzufriedenheit, Ungerechtigkeit, Misstrauen und Unmut? Wie oft fühlen wir uns wohl? Wie oft fühlen wir uns unwohl? Denken wir häufiger daran, was wir können oder öfter daran, was wir nicht können? Wir wissen, dass positive Gedanken uns nachweislich heilen können. Doch wir ignorieren, dass negative Gedanken uns krank machen.

In ihrer schöpferischen Wirkung bestimmen Gedanken durch unsere Vorstellung die Form unserer Realität. Das Gefühl haucht ihr durch unsere Bedeutung ihr Leben ein. Begeben wir uns auf die metaphorische Rennstrecke unserer Realität, ist ein Gedanke das Lenkrad, das Gefühl das Gaspedal, unsere Glaubenssätze bilden den Motor und unser Unterbewusstsein fährt unser Leben.

Unsere Gedanken steuern die *Bewegung* unserer Energie. Unsere Gefühle *vitalisieren* unsere Gedanken und verleihen unserer Energie dadurch ihre *Intensität*.

Wenn wir die Grundsätze der energetischen Lehre verinnerlichen und sie im Alltag anwenden, desillusionieren wir den Glauben, unser Energieniveau schwanke zufällig und die Energie sei nicht oder nur wenig beeinflussbar. Stattdessen wird es uns möglich sein, den Vorstellungen im Leben neue Bedeutungen zu verleihen. Folglich bestimmen nicht mehr das Wetter, ein Partner, Kollegen, Arbeit oder Finanzen unsere Energie, sondern wir selbst. Mit der freigesetzten Energie, die zuvor in Probleme investiert wurde, können dann Lösungen erschaffen werden, um statt nach begrenztem Glauben, nach grenzenlosen Wünschen zu leben.

Wenn wir den Schleier ursachsloser Wirkungen heben, übernehmen wir nicht nur die Verantwortung für unser Leben, sondern befreien uns auch von dem mangelnden Verständnis für unsere Mitmenschen.

Damit heilen wir unser Sozialleben von allen Wunden, indem wir sie mit unserer Liebe schließen. Statt nur die Wirkung zu sehen, erkennen wir die mögliche Vielfalt an Ursachen. Selbst wenn wir die Ursache nicht kennen, wissen wir, dass immer eine Ursache existiert.

Hinter jedem »Was« steckt in der unendlich rückläufigen Kette aus Ursache und Wirkung immer ein nachvollziehbares »Warum«, das jeden »Täter« zum »Opfer« seiner Vergangenheit macht und ihn von seiner Schuld befreit. Statt zu urteilen, vergeben wir.

Energetischer Ausgleich

»Mein Leben bewegt sich immer weiter in eine
Richtung, die ich nicht kontrollieren kann.«

»Dann höre auf, es kontrollieren zu wollen.«

»Kann ich es nicht kontrollieren?«

»Doch, du kontrollierst jeden Schritt in
deinem Leben. Allerdings nicht, indem
du deine Schritte zählst, ihren Umfang
misst oder ihren Abstand verfolgst.«

»Wie dann?«

»Du berechnest, analysierst und planst die
Ursachen, welche dich zu den Wirkungen führen
sollen, die du dir in deinem Leben wünschst.
Dabei entgeht dir der Ursprung aller Ursachen,
aus der jede deiner Wirkungen entsteht.«

»Wo liegt ihr Ursprung?«

»Es sind deine Gedanken und Gefühle.
Jeder deiner Gedanken und jedes deiner
Gefühle trägt eine eigene Energie.«

»Wie nutze ich diese Energie?«

»Ziele deine Gedanken in die Richtung, in die du dein
Leben formen willst. Dann fühle deine Gedanken,
um sie anzutreiben. Höre auf, zu berechnen, zu
analysieren und zu planen.
Schließe voller Vertrauen deine Augen, und
lasse dich von ihrer Energie durch dein Leben
treiben. Plötzlich, wenn du alle Erwartungen
niedergelegt hast und am wenigsten damit
rechnest, erreichst du ein Ziel, welches noch
paradiesischer ist, als jede deiner Vorstellungen.«

Energie ist immer in ausgleichender Bewegung. Die energetische Bewegung findet nicht nur in Flüssigkeiten oder Gasen statt. Auch die Atome materieller Festkörper sind in ständiger Bewegung. Bewegung und Energie bilden eine untrennbare Einheit. Dem Wissen über die energetische Bewegung entspringt auch der Rat, wir sollen unsere Energie »fließen lassen«. Entweder fließt sie innerhalb eines Zustands, um ihn so aufrechtzuerhalten oder aus einem Zustand heraus, um in eine andere Form zu wechseln und damit die unausgewogene Verteilung zwischen unterschiedlichen Zuständen auszugleichen. Es existiert kein energieloses Vakuum im Universum. Deswegen ist es auch essenziell, dass wir nach unserer Trennung von einer negativen Energie wie Leid die entstandene Lücke durch eine positive Energie ersetzen. Findet dieser energetische Ausgleich nicht bewusst statt, wird eine negative Energie unumgänglich unterbewusst zurückkehren.

Wir finden den energetischen Ausgleich überall. Nach jedem Tag folgt die Nacht. Nach jedem Einatmen folgt das Ausatmen, nach jedem Sommer der Winter, nach jeder Geburt folgt Tod. Die energetische Bewegung ist ein natürlicher Rhythmus, der durch den stetigen Wechsel zwischen zwei gegenüberliegenden Polen entsteht. Alles bewegt sich zyklisch. Vom Atom bis zum Kosmos.

Wenn wir das Wissen des energetischen Ausgleichs nicht nutzen, begrenzen wir unser Feld der unendlichen Möglichkeiten. Die Unkenntnis über den energetischen Ausgleich ist der Grund, wieso wir uns zu linearen Lebewesen entwickelt haben, statt ein mehrdimensionales Leben zu führen. Der energetische Ausgleich beschreibt die natürliche Richtung, in die sich Energie in einem abgeschlossenen Zeitraum der Betrachtung bewegt. Durch die ununterbrochene Bewegung zwischen einer Polarität entsteht ein rhythmischer Kreislauf. Bewegt sich die Energie von einem Pol zum Gegenpol und wieder zurück, ist die Bewegung als ein Zyklus abgeschlossen und wiederholt sich. Helligkeit und Dunkelheit wechseln beispielsweise im Zyklus einer Erdumdrehung. In der biologischen Nahrungskette sprechen wir vom »Kreislauf des Lebens«, und auch in unserem Körper fließt das Blut im Kreis, während wir zyklisch ein- und ausatmen.

Diese ausgleichenden Kreisläufe finden wir wie alle anderen Grundsätze unserer Realität nicht nur in unserer Außen-, sondern auch in unserer geistigen Innenwelt. Kehren wir nicht zu unserer Quelle zurück, folgt nach jeder Phase der Freude eine Phase der Trauer. Wir empfinden unser Leben als einen zufälligen Wechsel aus Höhen und Tiefen. Nachdem wir einen Berg erklommen haben, fallen wir wieder bergab. Unsere Energie bewegt sich zwischen unseren künstlich erschaffenen Polaritäten von »gut« und »böse«, »richtig« und »falsch« sowie »Leid« und »Glück« ausgleichend hin und her.

Erst wenn wir zu unserer Quelle zurückkehren und unsere unterbewussten Glaubenssätze wieder unserem bewussten Willen entsprechen, können wir die Punkte bestimmen, zwischen denen sich unsere Energie ausgleicht. Wenn nichts Negatives mehr in uns herrscht, kann sich unsere Energie auch nicht mehr in ein negatives Niveau bewegen.

Stress

Die Quelle in uns ist schöpferischer Natur. Wir besitzen die Fähigkeit, frei zu denken und selbstständig zu handeln, um unsere Schöpferkraft zu nutzen. Es ist erst unser inneres Ungleichgewicht, das uns zwingt, das schöpferische Potenzial unseres Bewusstseins zu missachten. Statt frei zu denken, bewegen sich unsere Vorstellungen, Bedeutungen und unser Verhalten in den engen Grenzen unserer Glaubenssätze und kreisen zwischen einer schmerzhaften Vergangenheit und einer aussichtslosen Zukunft. Die Wirkung dieses Ungleichgewichts erfahren wir als Stress.

Jede Störung unseres energetischen Flusses entsteht durch Stress und endet sowohl in psychischen als auch in physischen Krankheiten. Betrachten wir nicht nur die oberflächlichen Symptome einer Krankheit als energetische Wirkung, sondern tauchen hinunter zu ihrem Ursprung, finden wir häufig eine geistige Blockade als ihre Ursache. Wenn sich diese Blockade lange genug staut, drückt sie sich nach außen durch eine Krankheit aus.

Stress kann in unterschiedlichen Formen auftreten. Er beginnt jedoch immer mit einer psychischen Belastung und entwickelt sich dann zu körperlichen Belastungen, die sich in der Wechselwirkung gegenseitig verstärken. Unsere negativen Gedanken und Gefühle projizieren sich auf unsere Außenwelt. Innen- und Außenwelt verstärken einander. So entsteht immer weiterer Stress, bis Körper und Geist gänzlich kapitulieren.

Die einzige Heilung liegt in dem Ausgleich des Ungleichgewichts. Deswegen genesen wir, wenn wir ruhen und verhindern Krankheiten, wenn wir die stressauslösenden Programme aus unserem Unterbewusstsein entfernen. Die Intention von Krankheiten liegt nicht darin, uns zu schaden. Unser Körper kann sich nicht schaden. Nur wir können ihm schaden, weil wir nicht unser Körper sind. Eine Krankheit ist die Bitte unseres Körpers zu ruhen. Sie reicht uns die Hand und leitet uns zurück zu unserer Quelle, um unser Ungleichgewicht auszugleichen. Stören wir diesen natürlichen Ausgleich, indem wir durch Arbeit, überzogenen Medikamentenkonsum oder andersartiger Anstrengung die körperliche und geistige Bitte nach Ruhe und Regeneration ignorieren, werden psychische und physische Krankheiten zunehmen.

Zur Veranschaulichung folgen nun zwei Beispiele für unsere alltägliche Stressbelastung, die viele Menschen betreffen, doch von den wenigsten erkannt werden.

Eines der Mittel, das unser Geist zur vermeintlichen Reduktion von Stress einsetzt, ist die Prokrastination. Prokrastination bezeichnet ein Phänomen, bei dem die Betroffenen ihre Aufgaben aus Beruf und Alltag hinauszögern. Prokrastinierende Menschen sind nicht faul. Prokrastination ist keine Störung, sondern genauso wie eine Krankheit ein natürlicher energetischer Heilungsversuch. Wenn wir unsere Aufgaben bis zur Grenze oder darüber hinaus aufschieben, haben wir unsere belastbare Stressgrenze überschritten. Die Prokrastination ist ein Notruf, um den Druck unseres inneren Ungleichgewichts durch das Aufschieben von Arbeiten zu verringern. Wenn wir unsere Aufgaben zurückstellen, können wir unsere Energie vorerst von ihnen abwenden. Wir verfallen der Illusion, damit den Druck zu reduzieren. Allerdings lastet die Verzögerung von Aufgaben langfristig noch schwerer auf unseren geistigen Schultern. Dass sich die Arbeiten durch die Prokrastination summieren, statt sich aufzulösen, versuchen wir zu ignorieren, um unsere empfindliche Innenwelt zu schützen.

Die Heilung von Stresssymptomen wie der Prokrastination geschieht nicht durch die widerwillige Abarbeitung einiger Aufgaben, da das Problem nicht aus unserem Wachbewusstsein, sondern aus den destruktiven Glaubenssätzen unseres Unterbewusstseins keimt. Von sich oder anderen Menschen gezwungen zu werden, seine Arbeiten unfreiwillig auszuführen, behandelt nur das Symptom, während die Wurzeln der Ursache weiterwachsen. Statt nur unsere Aufgaben zu Ende zu bringen, müssen wir zuerst unseren Stress loslassen, indem wir unsere Arbeiten loslassen. Erst dann haben wir genügend Energie, um den unterbewusst wirkenden Glauben zu ersetzen, der den Stress als Ursache und die Prokrastination als Wirkung auslöst. Die Fäden der Prokrastination zieht der limitierendste Glaube, der in fast jedem von uns wirkt: »Ich kann nicht.« Ersetzen wir ihn durch »Ich kann«, wird sich nicht nur die Einstellung zu unserer Arbeit, sondern unsere gesamte Realität transformieren.

Einen weiteren Nährboden für Stress bildet unsere tägliche Routine, nach außen hin jemanden darzustellen, der nicht unserem innersten Selbst entspricht. Die Gesellschaft erwartet von ihren Mitgliedern eine unüberschaubare Anzahl an ungeschriebenen Normen einzuhalten, um das gewünschte Gesellschaftsbild aufrechtzuerhalten. Allerdings werden diese Normen auf der Grundlage einer objektiven Realität erschaffen, die nicht existiert. Folglich entstehen universale Glaubenssätze, welche noch destruktiver wirken können als unsere individuellen Glaubenssätze. Weil wir mit dem Bedürfnis nach unserem Urzustand der Verbundenheit geboren werden, beugen wir uns auf eigenen Kosten den Erwartungen der Allgemeinheit. Da wir trotzdem nicht gänzlich löschen können, wer wir sind, entwickeln wir daher Masken, um unser wahres Selbst zu verstecken. Fast jeder Mensch besitzt für jedes seiner sozialen Umfelder verschiedene Masken. Sie sollen uns helfen, akzeptiert und »geliebt« zu werden. Dabei ist die Öffnung unseres wahren Selbst durch ein authentisches Leben der Schlüssel, um nicht nur die Tür zu unserem eigenen, sondern auch zu fremden Herzen zu öffnen. In Wahrheit bewirken Masken das Gegenteil ihres illusionären Zwecks.

Statt die bunte Galerie des Universums mit einem Bild in unseren einzigartigen Farben zu bereichern, werden wir zu einem farblosen Abziehbild der Gesellschaft. Um dieses Duplikat unseres Umfelds zu malen, müssen wir unsere Energie opfern, um unsere Masken festzuhalten und das Schauspiel aufrechtzuerhalten. Sind wir hingegen wir selbst, folgen wir nicht mehr fremden Anleitungen, sondern lassen uns von der Leichtigkeit in unserem Herzen leiten. Wir können unsere Aufmerksamkeit von allen fremden Erwartungen abwenden und unterbewusst unser einzigartiges Gemälde sein, statt es aufwendig mit unserem Wachbewusstsein immer wieder auszubessern und zu erneuern.

Nur unser energiesparendes Unterbewusstsein kann unser Inneres ohne Anstrengungen nach außen tragen. Deswegen leiden Menschen, die ihre Aufmerksamkeit fremden, statt den eigenen Träumen widmen, unter extremen energetischen Turbulenzen. Je mehr wir den Sinn, den wir unserem Leben gegeben haben, erkennen, desto weniger Energie können wir für Arbeiten aufbringen, die unserer Bestimmung widersprechen. Wenn wir etwas tun müssen, was wir nicht tun wollen, kostet uns das sehr viel Energie, weil dieser Widerstand Stress erzeugt. Der Stress fordert unsere gesamte Kraft, weil alles darauf ausgelegt ist, den Stress zu vermeiden.

Inneres und Äußeres in Einklang zu bringen, erzeugt Authentizität. Wenn wir unser Innerstes ungeachtet unserer Vorstellungen fremder Reaktionen nach außen tragen, erfordert die Interaktion mit unserer Außenwelt nur noch einen Bruchteil der Energie, die sie kostet, wenn wir uns verstellen. Wir sind authentisch und können uns unreflektiert dem Moment hingeben. Der Zustand der Hingabe erfordert die wenigste Energie, während er die höchsten Leistungen erzeugt.

Authentizität ist die tägliche Praxis loszulassen, wer wir glauben sein zu müssen und die unvollkommene Vollkommenheit zu umarmen, die wir sind. Wir haben nicht nur die Erlaubnis, wir zu sein. Es ist eine Notwendigkeit, um uns aus einem bloßen Überleben zu entfalten und wahrhaftig zu leben. In seinem Selbst zu erwachen bedeutet, sich zuerst in seinen Kokon zurückzuziehen, um alle fremden Erwartungen loszulassen. Erst dann können wir uns als blühender Schmetterling entfalten und mit Rückenwind durch unser Leben fliegen.

Stress umfasst nicht nur eine berufliche Überforderung oder Streitigkeiten mit dem Partner. Er ist die Wirkung jedes Widerstands gegen einen Menschen, einen Umstand oder ein Ereignis in unserem Leben. Jeglicher Widerstand, den wir gegen unsere Realität aufbauen, resultiert in einem psychischen Ungleichgewicht, dem wir den Namen »Stress« gegeben haben. Wir sind auf der Arbeit, wären jedoch lieber zu Hause. Wir sind allein, doch wären wir lieber in Gesellschaft. Wir wollen etwas haben und jemand sein, aber haben etwas anderes und sind ein anderer. Wir bauen einen Widerstand gegen die Realität auf und werden wütend, enttäuscht, traurig oder verzweifelt. Der Widerstand löst unseren Stress aus, und unsere Reaktion ist der Versuch unseres Unterbewusstseins, dem Stress entgegenzuwirken. Mit der Trauer, weil uns ein Freund verlassen hat oder der Wut, weil wir zum wiederholten Mal von demselben Menschen enttäuscht wurden, will unser Unterbewusstsein uns nicht schaden, sondern nur einen energetischen Ausgleich herstellen. Es spielt das Programm ab, das wir installiert haben.

Erst wenn wir unsere Widerstände loslassen, lassen sie uns los. Doch wir müssen uns nicht zwingend von unserem Beruf, unserem Partner oder einem Freund trennen, um den Stress aufzulösen. Stress entsteht und endet im Inneren. Es sind Gedanken und Gefühle, die unseren Stress aus- und auflösen. Äußere Erfahrungen dienen immer nur als auslösender Impuls. Durch sie entstehen Gedanken und

Gefühle, die unsere Innen- und Außenwelt verändern. Mit einem harmonisierten Bewusstsein benötigen wir diese äußeren Auslöser nicht mehr, um positive Gedanken und Gefühle hervorzurufen. Unser Bewusstsein wird zum einzigen Auslöser.

Lernen wir das Potenzial unseres Bewusstseins zu nutzen, können unsere inneren Vorstellungen realer werden, als alles, was wir je in unserer Außenwelt erlebt haben. Wir können nicht nur Stress bewältigen, sondern unser Bewusstsein auf alles ausrichten, was wir in unserer Realität erschaffen möchten. Mit der Fähigkeit, innere Vorstellungen von Glück, Freude, Dankbarkeit und Liebe ohne äußere Auslöser hervorzurufen, aktivieren wir die höchste Kraft unseres Bewusstseins. Wir wechseln von einer Vergangenheit, in der alles besser war oder einer Zukunft, in der alles besser wäre, in die Gegenwart, die nicht besser sein könnte. Durch die Befreiung von unserem Stress setzen wir Meere an Energie frei, die wir zuvor gestaut haben. Nachdem wir den Damm durchbrochen und unsere Gegenwart dankend angenommen haben, können wir die freigewordene Energie in eine neue Zukunft investieren.

Stress begrenzt deine Schöpferkraft. Doch nichts und niemand außer dir hat jemals deinen Stress ausgelöst. Weder deine erwartungsvollen Eltern, die lauten Nachbarn oder dein vorwurfsvoller Partner, noch deine erdrückende Arbeit, der hektische Verkehr oder dein ungerechtes Leben. Stress entsteht nur durch dich und nur in dir.

Deswegen bist nur du es, der ihn in dir lösen kann. Wenn du merkst, dass Stress dich einnimmt, wende dich vom äußeren Auslöser ab, hin in dein Inneres. Im Zustand der Bewusstheit bist du im Zustand deiner Schöpferkraft, in dem du deine inneren Widerstände aufgeben und dich so willentlich gegen den Stress entscheiden kannst.

Der natürliche Zustand des unnatürlichen Glaubens

»Warum folgt nach jedem Höhepunkt
in meinem Leben ein Tiefpunkt?«

»Ist es das, was du siehst? Warum folgt nicht nach
jedem Tiefpunkt in deinem Leben ein Höhepunkt?«

»Weil die Tiefpunkte schwerer wiegen. Die
Höhen sind niedrig, die Tiefen noch niedriger.«

»Dann ist das Gleichgewicht niedrig,
in dem deine Energie schwankt.«

»Wie hebe ich mein Gleichgewicht an?«

»Indem du deinen Glauben anhebst.«

»Werden die Schwankungen dann aufhören?«

»Ja. Wenn die Schwankungen in dir aufhören.«

Energie bewegt sich niemals wahllos. Sie ist immer bestrebt, einen ausgeglichenen Zustand aufrechtzuerhalten oder einen unausgeglichenen Zustand auszubalancieren. Die Maßstäbe eines »natürlichen« Zustands bilden in unserer Realität unsere unterbewussten Glaubenssätze. Deswegen wirkt sich der energetische Ausgleich nicht immer konstruktiv auf unser Leben aus, sondern kann uns auch in einem unbewussten Kreislauf der Selbstlimitierung festhalten.

Menschen, die sich jeden Morgen aus ihrem Bett zerren müssen, sind erschöpft von ihrem Leben. Es ist ihr Glaube, dass ihre Umstände sie auslaugen, der sie ermüdet. Ein stark reduzierter Energiespeicher wird zu ihrem »natürlichen« Gleichgewicht. Hebt sich ihre Energie durch eine positiv geladene Vorstellung an, während ihr Glaube weiterhin ihre Energie auf einem niedrigen Niveau hält, wird der energetische Ausgleich ihre Energie wieder herunterregulieren. Ein äußeres Ereignis mag ihnen für eine kurze Zeit Kraft geben, doch schwache Vorstellungen ändern keinen starken Glauben, und so fallen sie nach kurzer Zeit wieder zurück in ihr »natürliches« Niveau.

Wenn wir einen Partner haben, der uns liebt, während unser Glaubenssatz besagt, dass wir ungenügend sind und keinen Partner verdienen, wird unser Unterbewusstsein die »unnatürliche« energetische Dysbalance ausgleichen. Entweder suchen wir nach Gründen, wieso wir uns trennen könnten, oder wir entwickeln ein Verhalten, durch das unser Partner sich trennen wird, bis wir uns wieder in unserem »natürlichen« Gleichgewicht der Minderwertigkeit befinden. Die »natürlichen« Zustände definiert unser Unterbewusstsein für alle Energien, mit denen wir konfrontiert werden.

Wenn wir glauben, wir leiden unter finanziellem Mangel, obwohl wir alles getan hätten, um unserer Armut entgegenzuwirken, können wir eine Missgunst gegenüber wohlhabenden Menschen entwickeln. Werden wir dann mit einem reichen Menschen konfrontiert, der seinen Wohlstand aus eigener Kraft aufgebaut hat, gerät die natürliche Energie gemäß unseres Glaubenssatzes aus dem Gleichgewicht. Wir werden Vorstellungen entwickeln, dass reiche Menschen unehrlich seien, nur Glück hätten oder für ihren Wohlstand über Leichen gegangen sein müssen, um mit diesen Vorstellungen das natürliche energetische Gleichgewicht unserer Wirklichkeit wiederherzustellen.

Wir stützen unsere bestehenden Glaubenssätze immer weiter mit Vorstellungen und Bedeutungen, die das von uns festgelegte energetische Gleichgewicht weiter stärken. So bauen wir immer mehr Steine auf die Mauern unserer destruktiven Realität, bis wir die Wahrheit hinter der Illusion nicht mehr erkennen können.

Eine der weitverbreitetsten modernen »Gleichgewichte« ist die Sucht. Ob Alkohol, Tabak oder Essen, ob Sport, Kosmetik oder Fernsehserien, an den Fingernägeln kauen, Einkaufen oder Ausgehen. Jedes Verhalten, das wir regelmäßig ausüben und nicht ohne inneren Widerstand einstellen können, ist eine Sucht. Nicht nur als Konsument chemischer Drogen werden wir zu den Sklaven unserer Sucht. Die Abhängigkeit von Zuneigung, Anerkennung und Erfolg sind wesentlich verbreiteter und können noch folgenschwerer sein, weil sie unserer Aufmerksamkeit verborgen bleiben. Damit schützen sie sich vor unserem Versuch, sie zu bekämpfen, während sie alle unsere Entscheidungen und somit unser gesamtes Leben manipulieren.

Auch unsere innere Leere ist häufig die Wirkung einer unbefriedigten Sucht. Das Gefühl der inneren Leere schwindet kurzfristig, wenn wir die Süchte ausleben. Dadurch verbinden wir unser äußeres Verhalten mit dem Befüllen unserer inneren Leere. Wir stellen die Glaubenssätze unseres Unterbewusstseins so ein, dass es während einer Phase der inneren Leere in unserer Außenwelt etwas *sucht*, das gegen unsere Leere wirkt. Allerdings reduziert sich die befriedigende Wirkung mit jedem Gebrauch, weil die Suchtbefriedigung keine wahrhaftige, sondern eine illusionäre Lösung ist. So brauchen wir immer mehr, um eine Befriedigung zu erreichen. Wenn wir süchtig sind, unterwirft sich unser Wille unserem Glauben. Überwinden wir die Sucht nicht, kehren wir durch die immer gleichen Vorstellungen und Bedeutungen unterbewusst immer wieder zu unserem alten Ego zurück und sperren uns in der Vergangenheit ein.

Der Auslöser jeder Sucht ist ebenfalls eine Form von Stress. Der Stress wird zum Dirigenten unseres Handelns und formt unsere Realität. Wir treten einen Schritt zurück und werden von Spielern, die ihre Realität erschaffen, zu Spielfiguren, deren Realität vom Stress erzeugt wird. Wir zwängen unser kreatives Potenzial in ein Korsett und schnüren uns von dem unendlichen Feld der Möglichkeiten ab.

Das Verlangen, das hinter einer Sucht steht, lässt sich nicht auflösen, weil das Füllen unserer Leere ein Grundbedürfnis ist. Mit der Befriedigung einer Sucht versuchen wir instinktiv, zu unserer schöpferischen Quelle in uns zurückzukehren, indem wir den Stress verringern. Dabei können sich die oberflächlichen Intentionen unterscheiden. Wir können Alkohol trinken, um unsere Angst vor anderen Menschen zu verlieren. Wir können rauchen, um unseren beruflichen Stress zu reduzieren. Sport kann dazu dienen, dass wir Anerkennung erhalten, und Fernsehserien können uns von unserem anstrengenden Alltag ablenken. Alle diese Gründe teilen eine Ursache – der Ausgleich des Stresses durch Stressreduktion.

Deswegen ist die Behandlung einer Sucht nur erfolgreich, wenn wir nicht nur das Verhalten ablegen, sondern auch die negative Gefühlsqualität hinter der Sucht auflösen und durch eine neue positive Gefühlsqualität ersetzen. Wenn wir der Sucht nur unter zwanghafter Anstrengung widerstehen, ohne ihre Leere durch einen positiven Glauben mit einer neuen Energie zu füllen, werden wir zurück in unsere Abhängigkeit fallen.

Um das ausgleichende Gefühl der Befriedigung zu erzeugen, benötigen wir nicht das Suchtmittel. Es ist lediglich das äußere Mittel zum inneren Zweck der Befriedigung. Somit ist jede äußere Sucht eine innere Sucht, die nur durch einen negativen Glauben entstehen und wachsen kann. Um unser Unterbewusstsein umzuprogrammieren, müssen wir unseren destruktiven Glaubenssatz der Leere mit einem konstruktiven Glaubenssatz der Fülle ersetzen. Dadurch befreien wir uns von den Fesseln unserer Sucht und erreichen unsere innerliche Befriedigung auch ohne einen äußeren Auslöser.

Damit wir unsere Realität nachhaltig neuordnen können, müssen wir die energetischen Ausgleiche in unserem Leben erkennen und die Gesetzmäßigkeit konstruktiv nutzen. Der energetische Ausgleich findet *immer* statt. Wir können uns nicht gegen ihn wehren. Doch wir können mit unseren Glaubenssätzen den natürlichen Zustand des Gleichgewichts bestimmen, nach dem sich unser Energieausgleich richtet.

Jede Schöpfung benötigt für den Prozess ihrer Entstehung Energie. Unsere Quelle ist unendlich. Deswegen können wir jede Möglichkeit erreichen, wenn wir die Grenzen unserer destruktiven Glaubenssätze überschreiten. Wenn wir einen Berg besteigen wollen, müssen wir uns zuerst mit dem Glauben an uns ausrüsten. Ohne den Glauben kann der Aufstieg nicht beginnen. Haben wir ein unerschütterliches Vertrauen zu uns aufgebaut, müssen wir als Nächstes unserem Körper und unserem Geist die nötige Energie bereitstellen, um auch den höchsten Aufstieg meistern zu können. Deswegen ist es für die Neuordnung unserer Realität unabdingbar, unseren eigenen energetischen Haushalt regulieren zu können. Jede gewünschte Veränderung in unserem Leben fordert den Einsatz unserer Energie. Menschen, deren Energie sich in einem unnatürlich niedrigen Niveau als »natürliches« Gleichgewicht eingependelt hat, können ihre Realität trotz ihres Willens nicht verändern, weil ihnen die transformative Kraft fehlt.

Um genügend Energie für jegliche Manifestation bereitzustellen, müssen wir allerdings keine Energie hinzugewinnen. Wir tragen jeden Augenblick ein unvorstellbares energetisches Niveau in uns. Doch wir regeln unseren gesamten energetischen Haushalt unterbewusst, deswegen haben wir den Eindruck, wir hätten keine Kontrolle über unsere Energie. Dabei ist jeder Verlust und jeder Gewinn von Energie unsere Entscheidung, die auf unseren unterbewussten Glaubenssätzen basiert. Um Energie zu katalysieren, müssen wir zuerst unsere Energieverluste stoppen. Wer seine Energie nicht mehr nutzt, um unter sich zu schauen und die Zweifel vor einem Fall zu bestärken, löst durch die Überwindung von Ängsten und Problemen bereits genügend Energie, um seinen Kopf nach oben auf sein Ziel zu richten. Stoppen wir unsere Energieverluste, wird sich wieder unser natürliches energetisches Ur-Gleichgewicht herstellen, und wir werden von einem starken Rückenwind bis auf die Spitze jedes Berges geweht.

Energetische Wechselwirkungen

»*Warum sind wir als Schöpfer begrenzt?*«

»*Warum glaubst du, dass deine
Schöpferkraft begrenzt sei?*«

»*Wenn jeder die Realität nach seinen
Vorstellungen ändern könnte, würde
unsere Erde im Chaos versinken.*«

»*Ihr Menschen teilt eine Erde, doch ihr teilt
nicht eine Realität. Ihr könnt Vorstellungen
teilen, doch ihr müsst nicht ihre Bedeutungen
teilen. Ihr könnt Möglichkeiten teilen, doch
ihr müsst nicht eure Grenzen teilen.*«

Ob Mensch, Gegenstand, Ereignis oder ein Zustand. Alles in und um uns besitzt eine eigene Energie, die mit allen Energien in ihrem Umfeld ununterbrochen kommuniziert. Diese energetische Kommunikation unterwirft sich nicht den Grenzen unserer Vorstellungskraft. Sie bewegt sich jenseits unseres sichtbaren Universums, frei von der einschränkenden Beobachtung unseres Wachbewusstseins. Trotzdem kommunizieren wir alle energetisch mit unserer Umgebung, indem unser Unterbewusstsein pausenlos energetische Bänder zwischen uns und unserer gesamten Umwelt knüpft. Je stärker energetische Bänder werden, desto bewusster werden sie uns. Doch wir besitzen nicht nur ein Band zu Freunden und Familie. Alles, was als Ursache eine Wirkung auf uns hat, ist mit unserer Energie verbunden. Auch unser Haus, der Nachbar, das Wetter oder unser Arbeitsplatz. Sind Energien durch ein Band miteinander verknüpft, entstehen Wechselwirkungen, wodurch sich beide Energien gegenseitig beeinflussen. Wir prägen unsere Familie, während unsere Familie uns prägt. Genauso haben wir einen Einfluss auf unsere Arbeit, während sie einen Einfluss auf uns hat. Mit jedem Gedanken und jedem Gefühl verändern wir die Realität, während sie mit jeder Veränderung unsere Gedanken und Gefühle beeinflusst. Da jede Energie immer in Bewegung ist, tritt diese wechselseitige Wirkung immer und überall auf. Energetisch gesehen ist jedes Partikel des Universums durch eine Unendlichkeit energetischer Bänder mit dem Universum verbunden. Selbst eine imaginäre Möglichkeit ist nichts anderes als eine potenzielle Energie. Physikalische Phänomene wie das Nullpunktfeld und die Verschränkung aus der Quantenphysik deuten darauf hin, dass der ganze Kosmos durch ein multidimensionales energetisches Geflecht miteinander vernetzt ist. Alles ist mit allem verbunden.

Durch diese Wechselwirkungen tauschen verschiedene Energien kommunikativ Informationen aus. Die rein körperliche Kommunikation durch Mimik, Gestik und Worte umfasst nicht die gesamte Kommunikation, die wir mit unserer Umwelt eingehen. Eine solche Annahme ignoriert die energetische Kommunikation.

Diese Form der Informationsvermittlung ist allumfassend. Unser Bewusstseinszustand bildet die Gesamtheit all unserer Gedanken und Gefühle. Zusammen bilden sie eine Energie, die wir von innen nach außen übertragen. Die Sprache, die wir heute als einziges bewusstes Mittel nutzen, um uns mitzuteilen, bildet nur einen geringen Anteil eines sehr dicken Geflechts von Informationen, die wir bündeln und energetisch aussenden. Unser gesamtes Sein trägt eine Unendlichkeit an Informationen in sich, die ständig mit unserer Außenwelt kommunizieren. Dadurch entstehen Phänomene wie Sympathie, Antipathie und Empathie. Befinden wir uns als Empfänger in unserer Quelle, können wir nicht nur unsere eigene Energie, sondern auch andere Energien bewusster wahrnehmen. Statt einzelner Informationen erkennen wir umfassende energetische Bilder in uns und unserer Umwelt. Wir können mehr Informationen präziser aussenden, während wir mehr Informationen erhalten und reflektieren können. Das Ergebnis ist eine ganzheitliche Kommunikation, die Missverständnisse vorbeugt und die Effektivität unseres Austauschs mit unserer Umwelt deutlich steigert. Jene Menschen, die in einen Raum kommen und ihn mit ihrer Präsenz füllen, beherrschen die Sprache der Energie und können eine gewünschte Qualität bewusst nach außen aussenden.

Erkennen hingegen Sender und Empfänger statt dem energetischen Geflecht nur einzelne Stränge, die von ihrem subjektiven Unterbewusstsein stark selektiert werden, entstehen durch den Mangel an Informationen Konflikte. Wie viel wir von der Energie unserer Umwelt wahrnehmen können, hängt von unserem Bewusstseinszustand ab. Dies ist auch der Grund, wieso sich Menschen mit einem analogen Bewusstseinszustand besser verstehen, als Menschen, deren Bewusstseinszustand sich stark unterscheidet. Fühlen wir uns von anderen Menschen angezogen oder abgeneigt, sprechen wir gewissermaßen die gleiche bzw. eine andere energetische Sprache.

Die energetische Kommunikation findet immer und überall statt. Sie kann positiv oder negativ auf uns wirken. Sind wir uns des Einflusses von Fremdenergien nicht bewusst, wird unsere eigene Energie zu einem Knetgummi in den Händen fremder Energien. Wenn wir diesen Einfluss hingegen erkennen, können wir ihn auch regulieren.

Allerdings können wir niemals eine fremde energetische Ursache verändern. Dafür können wir immer ihre Wirkung auf uns justieren, indem wir das *Wie*, statt das *Was* ändern. Wenn wir die Bedeutung einer Vorstellung ändern, ändern wir ihren energetischen Einfluss auf uns. Nicht in ihrer Ursache, sondern in ihrer Wirkung. Die Veränderung unseres Energieniveaus ist sowohl in ihrem Ursprung, als auch in ihrem Resultat eine Veränderung unserer Gefühle. Es sind unglückliche Menschen, die unter temporärem oder anhaltendem Energiemangel leiden. Wohingegen Menschen, die vor Energie strotzen, ihre Energie von positiven Gefühlen wie Freude, Dankbarkeit oder Hoffnung beziehen. Diese Energie können wir durch die Bedeutungen, die wir unseren Vorstellungen geben, stark beeinflussen. Wenn wir begreifen, dass unser Leid nicht durch niedrige Energien, sondern niedrige Energien durch unser Leid entstehen, werden wir von der willkürlichen Schöpfung zum selbstermächtigten Schöpfer.

Jede Wirkung einer fremden Ursache entsteht durch unsere unterbewusste Einwilligung. Nichts und niemand kann unsere Energie ohne unsere Erlaubnis kontrollieren. Ein energetischer Verlust passiert uns nicht – wir entscheiden uns aktiv, wenn auch unterbewusst, für ihn. Nicht, ob er uns beeinflusst, sondern wie stark er uns beeinflusst. Wenn wir als hässlich bezeichnet werden, während unser unterbewusster Glaube uns sagt, dass wir eine Perle der Schöpfung seien, wird die Beleidigung nur eine verschwindend geringe energetische Wirkung auf uns haben. Werden wir hingegen als hässlich bezeichnet, während unser unterbewusster Glaube die Beleidigung stützt, werden wir wütend oder traurig und leiten einen Gegenangriff ein oder sammeln unsere Scherben ein und ziehen uns zurück. Fremdenergien beeinflussen uns nur so stark, wenn sie unseren unterbewussten Glaubenssätzen entsprechen. Der fremde Glaube trifft auf eine Resonanz durch unseren gleichartigen Glauben. Dadurch entsteht eine Wechselwirkung, durch die beide Glaubenssätze bestärkt werden und weiter wachsen. Erst wenn wir uns den unterbewussten

Wirkungen von Fremdenergien bewusst werden und ihnen ganzheitlich durch Reflexion, Affirmation und Meditation entgegenwirken, verlieren sie an Wirkung. Sind sie geschwächt, können wir alte Vorstellungen mit neuen Bedeutungen ausstatten und ihnen so eine neue Energie schenken.

Befinden wir uns nicht in unserer Quelle, sind wir dem wechselwirkenden Einfluss von Fremdenergien auf unsere eigene Energie immer unterworfen. Hierzu zählen nicht nur die Energien anderer Menschen, sondern auch von anderen Ursachen, wie der Tages- oder Jahreszeit, dem Wetter, dem Wohnort, der Politik, der Medien und allen anderen äußeren Einflüssen um uns herum. Die Energien unserer gesamten Umwelt fließen von außen in uns hinein und formen unsere eigene Energie. Alles beeinflusst sich gegenseitig, und so wirkt sich jede fremde Energie auf unsere eigene Energie aus. Als Resultat werden wir als unbewusstes Individuum emotional instabil. Als Spiegelbild aller Energien aus unserer Umwelt schwankt nicht nur unsere Stimmung, sondern auch unser gesamter Lebensweg schwingt unkontrollierbar zwischen paradiesischen Höhen und höllischen Tiefen.

Werden wir uns unserer unendlichen Quelle bewusst, nehmen wir das Steuer unseres Lebens selbst in die Hand und lenken uns in einen belastbaren Bewusstseinszustand, der jedem Sturm trotzt, während er uns wie eine Feder durch den Wind treiben lässt. Für eine solch radikale Änderung unserer Energie benötigen wir nichts im Außen. Materialismus hat letztendlich immer das Ziel einer energetischen Veränderung des eigenen Bewusstseinszustands durch eine positive Bedeutung, die wir dem Objekt unserer Begierde schenken. Dabei ist uns nicht bewusst, dass die Bedeutungen unserer Vorstellungen in unserem Inneren entstehen. Nichts Äußeres kann eine Bedeutung ohne unser Zutun für uns erschaffen. Deswegen kann nichts Äußeres ein negatives Gefühl in uns auslösen, wenn wir die zugeteilte Bedeutung nicht akzeptieren. Erst unsere Bedeutung eines Menschen oder eines Gegenstandes löst ein Gefühl in uns aus, niemals der Mensch oder der Gegenstand selbst. Letztere Annahme entspricht der Denkweise von Materialisten. »Ich brauche dieses Auto, denn dann werde ich glücklich sein.« – »Ich brauche diesen Job, denn dann werde ich wertvoll sein.« Doch würden diese Vorstellungen stimmen, dann hätte alles auf jeden Menschen eine identische Wirkung. Tatsächlich ist es jedoch so, dass diese Empfindungen nicht nur unterschiedlich, sondern gegensätzlich sein können. Ein Tier, welches das Herz eines Menschen mit Liebe füllen kann, kann in einem anderen Menschen mit einer extremen Phobie Todesangst auslösen. Während eine Schwangerschaft für eine Frau das schönste Geschenk ihres Lebens sein kann, versteht eine andere Frau den bevorstehenden Anfang eines neuen Lebens als Ende ihres eigenen Lebens. Unsere Gefühle entstehen durch unsere Bedeutungen in uns. Deswegen sind auch wir die Einzigen, die unsere Gefühle ändern können. Das ist eine der Fähigkeiten, die wir entwickeln, wenn wir uns der energetischen Grundsätze bewusst werden. Jeder Gedanke und jedes Gefühl besitzt eine eigene Energie. Zusammen bilden sie unseren Bewusstseinszustand, der die energetische Summe unserer Gedanken und Gefühle trägt. Ändern wir die Energie von dem, was wir denken und fühlen, ändern wir nicht nur unsere eigene Energie. Aufgrund der ununterbrochenen Wechselwirkungen beeinflussen wir durch eine Veränderung unserer eigenen Energie auch alle Energien in unserem Umfeld.

Wir können statt der energetischen Ursache nur ihre Wirkung in uns selbst ändern. Jede Energie entsteht immer in ihrem eigenen Ursprung. In dieser Erkenntnis liegt unendliche Freiheit, denn nur wir sind für unser Leben und unsere Gefühle verantwortlich. Zwar kann unsere Energie fremde Energien beeinflussen, doch die Wirkung kann immer nur im eigenen Inneren entstehen. Genauso kann unsere Energie andere Energien beeinflussen, doch sie kann keine Energie in einem Anderen erzeugen. Das Glück, die Trauer oder die Liebe eines anderen Menschen liegt niemals in unserer Verantwortung. Nicht einmal das Glück unserer Eltern, unserer Kinder oder unseres Partners. Wir können andere Menschen auf ihrer Suche nach einer Antwort begleiten. Wir können ihnen helfen oder es ihnen schwer machen, das zu finden, wonach sie suchen. Wir können sie unterstützen oder stören. Aber niemals können wir auch nur einen

Schritt ihres Weges für sie gehen. Jedes Glück und jedes Leid erschaffen sie sich selbst. Jeden Schritt, ob vor-, rück- oder seitwärts, gehen sie selbst.

Wenn wir andere Menschen beeinflussen, haben sie uns bewusst oder unterbewusst ihre Einwilligung gegeben. Der einzige Mensch, den wir hingegen immer verändern können, sind wir selbst. Gleichzeitig ist es gerade die eigene Veränderung, die durch ihre energetischen Wechselwirkungen den einflussreichsten Effekt auf fremde Energien besitzt.

Energetische Konzentration

»So oft habe ich versucht, meine Probleme
zu beseitigen. Doch je schlimmer sie
wurden, desto weniger konnte ich tun.«

»Woran denkst du, wenn deine
Probleme schlimmer werden?«

»Ich kann nur noch an meine Probleme denken.«

»Deswegen werden sie schlimmer. Deine Gedanken
und deine Gefühle sind Energie. Wenn du diese
Energie auf deine Probleme richtest, werden deine
Probleme wachsen. Je mehr Gedanken du auf
sie richtest, desto mehr Probleme entstehen. Und
je intensiver deine leidvollen Gefühle werden,
desto intensiver werden deine Probleme.«

»Wie beseitige ich meine Probleme?«

»Indem du ihnen deine Aufmerksamkeit nimmst
und sie stattdessen ihren Lösungen schenkst.«

Unsere Energie ist immer in Bewegung. Einen Einfluss auf die energetische Richtung gewinnen wir mithilfe unserer Aufmerksamkeit.

Unsere Energie verhält sich wie Licht. Heutzutage neigen wir dazu, unsere Energie zu teilen. Wir haben uns verschiedene Rollen angeeignet. Die Rolle des Partners, die Rolle des Kindes, des Erwachsenen, des Berufstätigen, des Freundes usw. Weil keine Rolle vernachlässigt werden will, teilen wir unsere Energie, um allen Rollen und der Vielfalt ihrer wechselnden Regieanweisungen gerecht zu werden. Statt uns einer Sache im gegenwärtigen Moment hinzugeben und so unser maximales energetisches Potenzial freizusetzen, denken wir, während wir arbeiten, an unseren Partner, um umgekehrt während der gemeinsamen Zeit mit unserem Partner an unsere Arbeit zu denken.

Unser Bewusstsein wird zu einer Lampe, die ihr Licht teilt, um in allen Räumen ein wenig Licht ins Dunkle zu bringen. Diese Fähigkeit ist wertvoll. In jedem Raum etwas zu sehen, ist besser, als in einigen Räumen blind umherzulaufen. Bereits die synchrone Nutzung unserer fünf Sinne erfordert eine Teilung unserer Aufmerksamkeit und fasst einzelne Eindrücke zu einer dimensionalen Erfahrung zusammen. Auch das Universum ist nicht in seinem embryonalen Stadium eines konzentrierten Punktes unendlicher Energie verharrt, sondern ist zu einem multidimensionalen Kosmos herangereift, der sich in seiner unendlichen Vielfalt erfährt.

Statt unsere Aufmerksamkeit zu teilen, können wir sie jedoch auch ungeteilt auf das Objekt unserer Betrachtung richten. Die ungeteilte Aufmerksamkeit ist die Fähigkeit, uns zu konzentrieren. Sie ist wie ein energetischer Laser. Je mehr und je länger wir unsere Aufmerksamkeit auf einen Punkt richten, desto höher ist unsere energetische Wirkung. Dieser hochenergetische Fokus entsteht, indem wir uns der gegenwärtigen Realität mit unserer konzentrierten Aufmerksamkeit hingeben. Anhaltende Zustände von gebündelter Aufmerksamkeit sind die Phasen, in denen »die Zeit wie im Flug vergeht«. Die Zeit ist ein fiktives Konstrukt, das nur in unseren Köpfen entstehen und existieren kann. Wenn wir uns einer Sache hingeben, befinden wir uns in der Ewigkeit der Gegenwart. Unsere gesamte Energie ist im gegenwärtigen

Moment gebündelt, sodass unser Verstand keine Möglichkeit mehr hat, das Konstrukt der Zeit zu erschaffen oder aufrechtzuerhalten.

Unser täglicher Energiespeicher entleert sich mit allem, was wir außerhalb von Ruhephasen tun. Allerdings können wir durch die Konzentration unserer Energie bestimmen, zu welchem Zeitpunkt unsere Energie am höchsten ist und worauf wir sie richten. Befinden wir uns in unserer Quelle, kontrollieren wir unser Energieniveau. Wir entscheiden, in welche Richtung wir unsere Energie lenken und ob unser Bewusstsein unsere Energie als Lampe verteilt oder als Laser bündelt.

Unsere Energie ist die Währung, mit der wir die Attraktionen unseres Lebens bezahlen. Nach dem energetischen Ausgleich folgt nach jeder Ausgabe eine energetische Einnahme. Deswegen sind energetische Zahlungen niemals ein Verlust, sondern immer eine Investition. Die Form und die Höhe des Ertrags können variieren, doch aus jedem energetischen Samen, den wir säen, wird etwas wachsen. Im Gegensatz zum Wertpapierhandel an der Börse ist die Investition unserer Energie jedoch nicht spekulativ. Wenn wir sie in Probleme, Unglück und Leere investieren, werden unsere Probleme, unser Unglück und unsere Leere wachsen. Entziehen wir jedoch unserem Ego die Aufmerksamkeit, holen wir unsere Energie zurück, um sie für uns einzusetzen. Wir investieren sie in Lösungen, Glück und Erfüllung, damit unsere Probleme gelöst, unser Unglück verwandelt und unsere Leere gefüllt wird. Da Energie sowohl Ursache als auch Wirkung ist, ist sie Samen und Dünger zugleich. Dabei sind die Samen unsere unsichtbaren Gedanken und Gefühle. Wenn wir sie mit dem Dünger unserer Aufmerksamkeit begießen, wird das Unsichtbare sichtbare Früchte tragen. So wird unsere Aufmerksamkeit gleichermaßen zum Schiffsführer, der sowohl Träume als auch Albträume von der Insel der Fiktion abholt und an das Ufer unserer Realität überführt.

Wenn wir unsere Aufmerksamkeit teilen, verringern wir ihre energetische Wirkung. Diese Teilung kann in bewusstem Einsatz nützlich sein, doch teilen wir unsere Aufmerksamkeit unbewusst, wirkt sie gegen uns. Statt es jedem recht zu machen, vernachlässigen wir jeden. Statt allem nachzukommen, hinken wir allem hinterher. Aus Sicht der alltäglichen energetischen Investition leben wir im Zeitalter der Quantität. Mehr Geld, mehr Status, mehr Freunde und mehr Liebe. Doch zu leben bedeutet nicht anzuhäufen, sondern sich zu entfalten. Qualitativ statt quantitativ. Kein Menschenleben kann die Quantität der unendlichen Erfahrungen einfangen. Doch jedes Leben kann die Qualität der Unendlichkeit bereits in einer einzigen Erfahrung erleben.

Wenn wir jeden Tag unsere Aufmerksamkeit einer Sache widmen, wird diese Sache immer weiterwachsen. Das Produkt ist immer die Wirkung seines Ursprungs. Jede Vorstellung aus unserer Vorstellungskraft kann sich materialisieren, wenn wir unsere Aufmerksamkeit auf den Glauben in uns und unsere Vorstellung richten. Doch wenn jedes »Morgen« in den Farben von »Gestern« gemalt wird, dann verblasst das Gemälde unseres Lebens in Eintönigkeit. Erst wenn wir unserem alten Ego seine Aufmerksamkeit entziehen, können wir unsere Aufmerksamkeit unserem neuen Selbst widmen, sodass es wachsen kann. Entklammern wir uns von unserer Vergangenheit, setzen wir die Energie frei, die vorher blockiert war. Nur so erreichen wir ein neues Energieniveau, das der Aufbau unseres neuen Selbst benötigt. Dafür müssen wir den sicheren Strand unseres alten Egos verlassen und uns in den reißenden Fluss des Unbekannten stürzen, um in neuen Welten das Material für unsere neue Realität zu sammeln. Wenn wir jeden Tag aus Angst vor dem unkontrollierbaren Fremden nur das Bekannte tun, statt die süßen Früchte des Unbekannten zu kosten, sind wir in unserer Vergangenheit gefangen. Bequemlichkeit, Gewohnheit und Sicherheit bezahlen wir mit der Aufopferung neuer Möglichkeiten für eine alte Realität. Erst wenn wir in jedem Moment eine unvoreingenommene Wahl treffen, können wir neue Möglichkeiten in unser Leben ziehen. Es sind die Flüsse des Unbekannten, die aus unserer Quelle strömen und eine Realität erschaffen, welche die Grenzen unserer Vorstellungskraft überschreitet.

Der sicherste Weg, um seine Zukunft vorherzusehen, ist, seine Aufmerksamkeit von seiner Vergangenheit abzuwenden, um mit der freigesetzten Energie eine neue Zukunft zu gestalten.

Energetische Duplikation

»Ich wünschte, ich hätte mehr in meinem Leben.«

»Warum wünschst du dir mehr in deinem Leben?«

»Weil mein Leben so leer ist.«

»Wenn es das ist, was du siehst, wird dein
Wunsch niemals in Erfüllung gehen.«

»Warum nicht?«

»Weil du deine Energie weiterhin darauf
richtest, dass dein Leben leer sei.«

»Wie gehen meine Wünsche dann in Erfüllung?«

»Erkenne die Schönheit deines Lebens. Dann
erkenne deine Schönheit. In dem Moment, in
dem du dich in dein Leben verliebst, wird sich
dein Leben verändern. In jedem Moment, in
dem du vertraust, dass dein Leben vollkommen
ist, wird dein Leben vollkommen sein.«

Betrachten wir unsere Realität genauer, stellen wir fest, dass unsere Gedanken und Gefühle immer mit unserer äußeren Wirklichkeit übereinstimmen. In der für uns logisch wirkenden Reihenfolge resultieren Gedanken und Gefühle aus unseren äußeren Umständen. Wir freuen uns, nachdem unser Chef uns gelobt hat und danken unserer Kollegin, nachdem sie eine unserer Aufgaben für uns bearbeitet hat. Wir sind sauer, nachdem uns ein Freund kurzfristig abgesagt hat und sind enttäuscht, nachdem wir uns mit unserem Partner gestritten haben. Unsere Gedanken und Gefühle entstehen aus den Ereignissen in unserem Leben. Nach dieser Überzeugung sind wir die willkürlichen Opfer unserer äußeren Umstände. Unsere Außenwelt erschafft unsere Innenwelt. Im Umkehrschluss würde diese Annahme dazu führen, dass arme Menschen durch eine unerwartete Einnahme reich werden würden. Suchtkranke Menschen würden durch den Verlust ihres Suchtmittels von der Sucht loskommen. Genauso wie erfolglose Menschen durch ein zufälliges Erfolgserlebnis erfolgreich werden würden. Doch was passiert wirklich, wenn ein armer Mensch im Lotto gewinnt? Wenn ein alkoholabhängiger Mensch keinen Alkohol mehr hat oder wenn ein leidenschaftsloser Unternehmer einen Auftrag erhält? Falls ihre Glaubenssätze immer noch ihre alte Identität bestärken, werden sie trotz neuer positiver Umstände wieder in ihr altes Ego zurückfallen.

Unsere äußere Welt entspricht unserer inneren Welt. Doch unsere Außenwelt erschafft nicht unsere Innenwelt. Wer den Vorhang dieser Illusion lüftet, wird erkennen, woran die Fäden seines Lebens hängen.

Es sind unsere Gedanken und Gefühle, die unsere äußere Realität formen. Können wir unsere Gedanken und Gefühle nicht steuern, wirkt es, als erschaffe unsere äußere Realität uns. Kontrollieren wir hingegen unsere Gedanken und Gefühle, erkennen wir, dass sie unsere äußere Realität erschaffen.

Effektive Vermögens-Coachings beginnen mit mentalem Training. Erfolgreiche Suchttherapien setzen nicht nur das Suchtmittel, sondern die suchtfördernden Glaubenssätze auf Entzug. Und jede nachhaltige Unternehmensberatung beginnt bei der inneren Einstellung des Unternehmers.

Sind wir uns nicht bewusst, dass unsere Machtlosigkeit nur eine Illusion ist, reagieren wir wie ein Spielball, der von zwei Teams hin- und hergeschossen wird. Im Spiel tritt unsere Innen- gegen die Außenwelt an. Die Außenwelt spielt gegen uns und dominiert uns. Unsere Innenwelt ist nur reaktiv. Ihre einzige Chance, um in Ballbesitz zu kommen, ist bei einem Anstoß, nachdem die Außenwelt ein weiteres Tor gegen uns geschossen hat. Führt unsere Innenwelt uns als Ball, verliert sie uns sofort wieder. Schießt sie doch einmal ein Tor, entpuppt es sich zumeist als Eigentor. Werden wir uns hingegen unserem schöpferischen Potenzial bewusst, verlassen wir unsere Rolle als Spielball und befördern uns zum Trainer beider Mannschaften. Als Trainer weisen wir unsere Spieler an und bestimmen so das gesamte Spiel. Jedes Tor wird zu einem Tor für uns.

Unsere gesamte Realität ist die Wirkung der energetischen Duplikation.

Eine Energie dupliziert sich, indem sie gleichwertige Energien aus den Ressourcen ihres Umfelds anzieht. Diese Anziehungskraft entsteht aus unseren Glaubenssätzen. Unser Glaube prägt zum einen unsere Wahrnehmung und stellt so das verfügbare Material bereit, aus dem unser Unterbewusstsein den Mantel unserer Realität webt. Zum anderen erschafft er unsere Gedanken und Gefühle, nach denen sich unser Verhalten richtet, welches das Material unserer Wahrnehmung zu unserer Realität weiterverarbeitet.

Das Vermögen der meisten wohlhabenden Menschen wächst nicht immer weiter, weil ihr materieller Besitz gleichwertige Materie anzieht. Ihr Glaube an sich selbst erzeugt aus der Summe ihrer positiven Gedanken und Gefühle eine Energie des Reichtums, die weiteren Reichtum energetisch anzieht. Ihr Unterbewusstsein ist für die Möglichkeiten von Reichtum weit geöffnet. Ihre Aufmerksamkeit konzentriert sich durch ein unerschöpfliches Selbstvertrauen auf die Schöpfung von weiterem Reichtum. Gleichzeitig verringert ihr konstruktiver Glaube die destruktiven Möglichkeiten der Armut. Auch wenn ihnen ihr gesamtes Vermögen gestohlen wird, werden wohlhabende Menschen neuen Reichtum aufbauen, wenn ihr positiver

Glaube so gefestigt ist, dass auch der Verlust ihres materiellen Reichtums ihren geistigen Reichtum nicht angreift. Ihr Glaube erzeugt trotz materiellen Mangels weitere Gedanken und Gefühle von Reichtum. Ihre Wahrnehmung öffnet sich weiterhin für die unendlichen Möglichkeiten des Reichtums. Sie nehmen nicht den Mangel ihres Vermögens wahr, sondern den potenziellen Reichtum, der sie immer noch im Überfluss umgibt. Verbunden mit ihrer ausgedehnten Wahrnehmung lässt ihre Aufmerksamkeit jeden Samen, den sie mit ihren Gedanken und Gefühlen von Reichtum begießen, zu majestätischen Bäumen wachsen.

Egal, ob wir uns Liebe, Glück, Gesundheit oder Geld wünschen, nur ein ewiger innerer Reichtum kann zu einem anhaltenden äußeren Reichtum führen.

Die Religion bietet mit dem Gebet eine praktische Methode zur bewussten Anwendung der energetischen Duplikation, die jedoch ein erweitertes Verständnis benötigt, damit ein Gebet auch »erhört« wird.

»Gott erhört alle Gebete« ist ein Gleichnis für: Jede Energie, die wir durch unseren Glauben aussenden, wird dupliziert und manifestiert sich. Vergleichen wir den energetischen Grundsatz der Duplikation mit seiner religiösen Metapher, stellen wir fest, dass Gott tatsächlich alle Gebete erhört. Allerdings ignoriert er die begrenzende Sprache des Wortes und empfängt stattdessen die weitaus umfassendere energetische Sprache unseres Bewusstseins, die durch unsere Glaubenssätze gesprochen wird. Ein Gebet hat in diesem Zusammenhang die gleiche Funktion wie eine Affirmation. Die Wiederholung eines Wunsches soll eine Überzeugung in unserem Unterbewusstsein ändern, sodass wir unsere Energie auf die Erfüllung unseres Wunsches ausrichten und er sich so manifestiert. Doch weder Gebet noch Affirmation erfüllen sich, wenn unser Wort unseren Glaubenssätzen widerspricht. Ein Gebet äußert häufig einen Willen, der gegen unseren Glauben kämpft. Es tritt eine Vorstellung mit einer schwachen Bedeutung gegen ein robustes Bündel aus zahllos wiederholten Vorstellungen und intensiven Bedeutungen an.

Wenn Worte, Wille und Glaube keine energetische Einheit bilden, verlieren sie ihre Wirkung. Die Energie hinter: »Ich will nicht mehr arm sein«, ist: »Ich bin arm«. Die Energie dieses Glaubenssatzes wird statt einem Lottogewinn nur weitere Schulden anziehen, denn unser Unterbewusstsein manifestiert unsere Realität nicht nach unserem Willen, sondern nach unserem Glauben, sofern sich beide widersprechen. Erst wenn der Wille stärker als der alte Glaube ist und damit zum neuen Glauben wird, werden wir ihn in unserer Realität anziehen.

Genauso wenig wie ein zu schwacher Wille nach mehr Geld in einem Geldregen endet, führt das Gebet für Liebe zu Liebe, denn es impliziert, dass wir nicht geliebt werden. Die energetische Duplikation kennt weder Verneinungen, noch kennt sie die Zukunft. »Ich will« und »ich will nicht« führen beide zu der gegenteiligen Wirkung, die wir uns erhoffen. Erst wenn unsere gegenwärtigen Gefühle und Gedanken mit unserem Wunsch übereinstimmen, wird »Gott das Gebet erhören«. Erst dann zeigen jegliche Formen der bewussten Visualisierung die Wirkung, die ihnen zugesprochen wird.

Wille, Wunsch oder Gebet können zu einem Glauben werden, wenn wir einen Bewusstseinszustand erreichen, in dem sich der Glaube unserer Gegenwart mit dem Willen unserer Zukunft vereint. Statt »Ich will nicht arm sein« affirmieren wir den neuen Glauben »Ich bin reich«. Statt »Ich will nicht mehr krank sein« affirmieren wir den neuen Glauben »Ich werde mit jedem Tag gesünder«. Akzeptanz und Dankbarkeit für den gegenwärtigen Moment aktivieren die energetische Anziehung.

Deswegen kann mit einem Widerstand gegen die Gegenwart keine Zukunft aufgebaut werden. Energie dupliziert sich ohne Vorurteile. Sie vervielfacht die Energie, die wir sind, nicht die Energie, die wir uns wünschen. Sie reagiert darauf, wer wir glauben zu sein, nicht darauf, wer wir behaupten zu sein. Deswegen wirkt sie positiv wie negativ und kann nicht nur unsere Träume, sondern auch unsere Albträume verwirklichen. Wenn wir unsere Aufmerksamkeit auf das Problem, statt auf die Lösung richten, werden wir weitere Probleme anziehen. Suchen wir Gründe, warum wir etwas nicht können, werden wir weitere

Beweise anziehen, die unseren illusionären Glauben unserer Inkompetenz belegen. Deswegen fällt es uns so schwer, uns von den Fesseln unserer gegenwärtigen Vergangenheit zu befreien. Wenn wir reich werden wollen, weil Gedanken von Mangel uns plagen und uns Gefühle von Armut zerfressen, werden wir niemals reich werden. Erst wenn wir erkennen, dass wir innerlich bereits reich sind, löst sich unsere Energie. Alles, was wir im Außen wünschen, müssen wir im Inneren bereits spüren. Nur dann kann sich die freigesetzte Energie in die Richtung unserer Glaubenssätze manifestieren und unsere Wünsche anziehen. Der Wille wird zum Glauben. Dadurch sind wir die Wirkung, bevor sie eintritt, um die Ursache zu sein, welche die Wirkung anzieht. Statt den Soll-Zustand unbedingt zu benötigen, akzeptieren wir den Ist-Zustand und vertrauen auf die Verwirklichung des Soll-Zustands. Mit jeder unangestrengten und vertrauensvollen Wiederholung des neuen Glaubens stärken wir die Überzeugung in unserem Wachbewusstsein, bis sie vom Unterbewusstsein angenommen und angezogen wird. Das ist das entmystifizierte Gesetz der Anziehung.

Das vollständige Gesetz der Anziehung ist keine substanzlose Verherrlichung der Kraft unserer Gedanken und Gefühle. Es ist eine logische Schlussfolgerung aus der Definition von Ursache und Wirkung der Energie. Wenn Energie immer Ursache und Wirkung ist, dann sind beide Zustände in ihrer Energie *identisch*, denn die Wirkung muss die Energie der Ursache in sich tragen, um aus ihr hervorzugehen, so, wie auch wir die Gene unserer Eltern in uns tragen.

Die glücklichsten Beziehungen der Welt sind nicht entstanden, weil einer von Milliarden von Töpfen zufällig über den einzig passenden von Milliarden von Deckeln gestolpert ist. Glückliche Beziehungen entstehen, indem sich zwei Menschen mit der identischen Energie der bedingungslosen Liebe anziehen. Weil sie dieselbe Energie teilen, bilden sie eine harmonische Einheit. Ihre Energien synchronisieren und duplizieren sich. Ihre Beziehung wird zu einem Himmel auf Erden, weil beide an ihre Liebe glauben.

Die besten Sportler der Welt wurden zu eben jenen, weil sie daran geglaubt haben, dass in ihnen der beste Sportler der Welt schlummert. Ihr Glaubenssatz hat ihre Vorstellungen mit Bedeutungen verknüpft, die Gefühle mit hohen Energien ausgelöst haben. Die hohen Energien haben sie wiederum dazu befähigt, sich stetig so stark weiterzuentwickeln, dass sie heute Leistungen erbringen können, die für andere Menschen nahezu unmenschlich wirken.

Jeder Erfolg ist eine Folge – eine Wirkung, die aus einer Ursache erfolgt. Diese Wirkung wird zu einer neuen Ursache, die neue Wirkungen der gleichen Energie erzeugt. Deswegen werden Menschen, deren innerer Glaubenssatz dem Reichtum entspricht, immer wohlhabender. Genauso werden glückliche Menschen, die kein Glück vortäuschen, sondern aus einer inneren Glücklichkeit leben, immer glücklicher. Sie haben ihr Haus auf dem Fundament der Liebe zum Leben erbaut, das jeder Erschütterung trotzt.

Gewinnen wir ein tiefes Verständnis für die energetische Duplikation, erkennen wir zudem, dass es ausreichend ist, uns von unserer Leere zu trennen, um uns mit unserer Unendlichkeit zu verbinden. Wenn wir keine negative Energie mehr in uns tragen, werden wir auch keine negative Energie mehr anziehen. Weil kein energetisches Vakuum existieren kann, sind wir dann erfüllt von positiven Energien. Diese positiven Energien werden sich duplizieren. Wenn der Sturm in unserem Leben vorbeizieht, wird folglich die Sonne scheinen. Wer glücklich sein will, muss also kein Glück erschaffen, sondern aufhören, Unglück zu erschaffen. So wird das Glück zu ihm fließen.

Dieser Glaube schließt nicht aus, dass äußere Einflüsse unser Leben nicht beeinflussen könnten. Im Gegenteil. Jede Veränderung basiert auf der Wechselwirkung multipler Ursachen. Unser Leben, das ein summierter Ausdruck unserer Energie ist, interagiert mit allen Wesen und Umständen, die uns umgeben und allen Ereignissen, die uns widerfahren. Jede Erfahrung hat einen Einfluss auf unser Leben. Allerdings können wir bestimmen, wie der Einfluss auf uns wirkt. Wir entscheiden, welche Bedeutung wir den Vorstellungen unserer Realität geben. Deswegen sind es auch wir, die unsere Gedanken und Gefühle sowohl als Anfang als auch als Ende jeder Erfahrung bestimmen.

Wir sind nicht für jedes Ereignis verantwortlich, das unser Leben erschüttert. Allerdings sind wir für jede Reaktion verantwortlich, die als Folge unsere Realität erschafft. Wir können nicht jeden Samen wählen, der sich in unser Beet legt. Doch wir entscheiden, welche Energie wir auf ihn richten und wie stark er wächst.

Unser Inneres ist die Dimension, in der einzig und allein wir die Kontrolle haben können, sofern wir zu unserer Quelle zurückfinden. Wenn unser Bewusstsein von einem Opfer- in einen Schöpfer-Zustand wechselt, verändert sich zuerst der Blick, mit dem wir unsere Realität wahrnehmen. Durch die Erkenntnis der Quelle in uns erreichen wir ein Gefühl der Vollkommenheit, das sich unausweichlich auch auf unsere äußere Wirklichkeit projiziert. Wo wir zuvor die Einseitigkeit eines Gegensatzes sahen, sehen wir jetzt die Vielfalt einer ergänzenden Einheit. Statt den Widerstand gegen die Gegenwart weiter aufrechtzuerhalten, stellen wir unsere zuvor unterbewusst wirkende Abwehr ein und treten die Realisierung unserer Träume aktiv an. Wir erreichen die höchsten Energieebenen, die sich durch wechselwirkende Projektionen zwischen Innen- und Außenwelt duplizieren und in unserer äußeren Realität das anziehen, was wir im Inneren bereits sind.

Warum warten wir auf eine Erfahrung, um ein Gefühl zu erleben? Warum leben wir nicht stattdessen erst das Gefühl, um dann die Erfahrung anzuziehen und zu erleben?

Energie ist ein Zustand der Liebe. Ursache und Wirkung sind gebende Zustände. Deswegen schenkt uns unsere Energie nach dem Grundsatz der energetischen Duplikation alles zurück, was wir uns und unserer Umwelt geben. Je mehr wir geben, desto mehr werden wir empfangen. Hören wir auf zu geben, werden wir auch aufhören zu empfangen. Jeder schöpferische Prozess ist ein gebender Prozess der Liebe. Niemals ist irgendetwas in seinem Ursprung ohne Liebe entstanden.

Wer den Grundsatz der energetischen Duplikation erlernt und bis in die Tiefen seines Unterbewusstseins verinnerlicht, wird ein neues Leben führen, denn er hat die lebensverändernde Erkenntnis gewonnen, dass er die Energien anziehen wird, die seiner Energie entsprechen.

Energetische Projektion

»Ich sehe das Leid der Menschheit.«

»Dann hast du das Leid in dir.«

»Ich will ihr Leid auflösen.«

»Dann löse dein Leid auf.«

»Dadurch beende ich aber nicht
das Leid der Menschheit.«

»Du beendest das Leid in dir. Und die Trennung
von deinem Leid wird sich auf die Menschheit
projizieren. Du musst nur dich ändern, um
das ganze Universum zu ändern. Wenn eines
Tages jeder Mensch sein Leiden beenden wird,
wie viele Menschen leiden dann noch?«

»Kein Einziger.«

Nach der energetischen Duplikation ist die gesamte Wahrnehmung unserer Realität eine Projektion unserer unterbewussten Glaubenssätze. Projektionen funktionieren wie Spiegel, die in unserer Außenwelt das reflektieren, was in uns ist. Empfinden wir etwas in anderen als hässlich, besitzen wir selbst noch etwas, das wir als hässlich bewerten.

Können wir einem anderen Menschen nicht verzeihen, dann haben wir uns ein eigenes Thema noch nicht verziehen. Schaden wir anderen, dann schaden wir uns. Wir haben alles, was wir in anderen sehen und kritisieren, nicht in einer gleichen, jedoch in einer gleichwertigen Form in uns. Auch positive Wertungen können unbewusste Projektionen sein. Empfinden wir einen anderen Menschen als schön, empfinden wir auch etwas in uns als schön. Verzeihen wir einem anderen Menschen, dann sprechen wir auch uns von unserer Schuld frei. Heilen wir die Wunden anderer Menschen, dann heilen wir auch unsere eigenen Wunden.

Unsere Glaubenssätze projizieren sich durch unsere Gedanken und Gefühle auf all unsere Entscheidungen und Urteile und durch unser Verhalten auf ausnahmslos jede unserer Aktionen und Reaktionen. So bildet unsere gesamte Realität einen allumfassenden Spiegel unserer Glaubenssätze. Wenn wir andere als zu dick oder zu dünn verurteilen, haben wir einen Widerstand gegenüber unserem eigenen Gewicht. Bezeichnen wir andere als dumm, arrogant, egoistisch, naiv, stur oder überheblich, dann fühlen wir uns unterbewusst genauso, während wir bewusst glauben oder glauben wollen, wir seien ein Vorbild für die konträre Eigenschaft zu unserem Urteil. Jedes negative Urteil löst mit einem negativen Gefühl einen Widerstand in uns aus. Dieser Widerstand entsteht durch den unbewussten Widerspruch zwischen unserem Willen, den wir bewusst nach außen vorgeben und unserem Glauben, der wir unterbewusst innerlich sind.

So, wie unsere Urteile, ist selbst unser eigenes Erscheinungsbild die Summe unserer inneren Glaubenssätze, die in ihrer Wirkung nach einem äußeren Ausdruck verlangen. Menschen, die mit sich nicht im Reinen sind, leiden häufig unter den Symptomen eines ungepflegten Auftretens. Im Gegensatz dazu erscheinen glückliche Menschen häufig gepflegt und tragen ihre innere Schönheit mit einem magischen Lächeln und einer strahlenden Körpersprache nach außen. Unsere Projektionen reichen bis in jedes Detail unseres Lebens.

Die Einrichtung, Ordnung und Hygiene in unserer Wohnung, unser Kleidungsstil, unser Musikgeschmack, unser Beruf, unser soziales Umfeld und jeder andere Teil unserer Identität. Eine Unordnung im Haus ist nicht die Ursache, sondern die Wirkung einer geistigen Unordnung. Wohingegen sehr strukturiert denkende Menschen häufig penibel acht auf ein sauberes Zuhause geben. Freizügige Menschen haben meist einen offenen Charakter. Wir hören keine melancholischen Lieder, wenn die Sonne über unserem Himmel unser Leben erwärmt, und wir sind beruflich nicht im Verkauf oder Management tätig, wenn wir zurückhaltend sind oder uns vor Verantwortung fürchten.

Nach dem Projektionsverhalten richtet sich jede Energie von innen nach außen. Somit muss jede Veränderung in uns beginnen. Kranke Menschen können gesunden, wenn sie heilvolle Gedanken- und Gefühlsmuster entwickeln. Arme Menschen werden wohlhabend, weil sie sich von limitierenden Gedanken trennen und ihren inneren Reichtum spüren. Eine glückliche Beziehung wird in Liebe getränkt, indem jeder Gedanke aus Liebe entsteht und jedes Gefühl von Liebe getragen wird.

Sind wir nicht imstande, unsere eigenen Glaubenssätze herauszufinden, reicht meist ein Blick in unsere Realität aus. Stark ausgeprägter Materialismus ist ein Hinweis für den Glauben, wir bräuchten mehr, um mehr zu sein. Ein starker Kontrollzwang entsteht aus dem Glauben, wir seien ohnmächtig unserem Leben ausgeliefert.

Nur durch die Betrachtung eines Lebens können wir bereits viel über seinen Protagonisten erfahren. Wir versuchen häufig, unser Innerstes zu verbergen. Doch jedes Detail unseres Lebens ist ein durchsichtiges Fenster zu unserem Bewusstsein.

Streit

Projektionen helfen nicht nur, uns selbst zu verstehen, sondern auch ein Verständnis für alle Taten unserer Mitmenschen zu entwickeln. Jede unserer Verurteilungen keimt aus einem mangelnden Verständnis für eine fremde Realität, die wir mit den Farben unserer eigenen Realität mischen. Entspricht das erzeugte Bild nicht unserem Willen, verurteilen wir es als stilloses Gekrickel. Dabei fällt uns nicht einmal auf, dass es in den Farben unseres eigenen Glaubens gemalt wurde.

Um unsere Urteile auszusprechen, begeben wir uns zu dem Gericht unseres Lebens. Dort wechseln wir beliebig die Plätze zwischen Täter und Opfer. Statt uns und alle anderen von der illusionären Schuld einer falschen Realität freizusprechen, weil diese nicht unseren Vorstellungen entspricht, spielen wir die Reise nach Jerusalem und setzen uns auf die Seite, die noch frei ist. Nur den Stuhl des Richters verlassen wir selten.

Wer nach Unschuld sucht, wird Unschuld finden. Wer nach Schuld sucht, wird Schuld finden.

Fast nichts stellen wir lieber, als die Frage nach der Schuld. Alles kann in unser Urteil fallen. Nur der, der die Frage stellt, wird nicht verdächtigt oder im Zweifel von seiner Anklage befreit.

Welchen Konflikt wir auch untersuchen – sei es ein innerer Zwiespalt, ein Konflikt in der Familie oder gar eine politische Debatte; jeder Streit steht auf den schweren Säulen der Schuld. Zwei Gegenseiten werfen sich den Sprengsatz der Schuld rhythmisch zu, bis die Zündschnur endet und beide Seiten explodieren.

Doch ein Streit ist nicht nur unwirtschaftlich, weil er uns Unmengen an Energie kostet. Wenn wir uns streiten, sind wir selbst diejenigen, denen wir am meisten schaden. Jedes Leid, das wir verbal oder nonverbal einem anderen Menschen, einem Tier oder der Natur zufügen, ist unser projizierter Schatten, der in uns selbst am dunkelsten wirkt. Wenn wir keinen Schmerz mehr in uns hätten, würden wir auch keinen Schmerz mehr für unsere Umwelt erschaffen, denn sie ist das exakte Spiegelbild unserer inneren Realität. Eine Verletzung eines anderen Menschen benötigt immer eine negative Energie. Wir sind der Ursprung dieser negativen Energie und projizieren sie nach außen, wenn wir jemandem schaden. Ob wir einen Bekannten verurteilen oder Gewalt gegen einen Unbekannten ausüben. Jede Form von Angriff ist ein Ausdruck der eigenen negativen Energie. Verletzen wir jemand anderen, verletzen wir uns.

Kein kluger Mensch ohne jeglichen Selbstzweifel würde andere Menschen als dumm bezeichnen. Kein attraktiver Mensch mit einem hohen Selbstwert würde andere Menschen als hässlich bezeichnen. Hinter Angriffen gegen andere verbergen sich immer eigene unbewusste Glaubenssätze. Meist offenbaren sie ihr Gesicht bereits unter dem Licht einer kurzen Reflexion. So entstehen beispielsweise Neid, Eifersucht, Unterlegenheit und andere Motive aus mangelnder Selbstliebe. Doch auch wenn wir das Gesicht des unbewusst wirkenden Glaubenssatzes nicht genau erkennen können, genügt das Wissen um seine Präsenz durch eine Reflexion, um die Verantwortung zu übernehmen und unseren destruktiven Glauben durch unseren konstruktiven Willen zu ersetzen.

Welchen Grund hat ein Mensch, der sich in dem Bewusstsein seiner Quelle befindet, sie durch einen Angriff jeglicher Art zu verlassen?

Nicht erst ein aktiver Angriff, sondern bereits die Suche nach einem Schuldigen entkoppelt uns von unserer Quelle. Energien haben ihre höchste Wirkung immer in ihrem Ursprung. Da *wir* die negative Energie der Schuld erzeugen, wirkt sie am stärksten *in uns*. Sie verhaftet nicht nur den vermeintlichen Täter, sondern sperrt als erstes uns in das Gefängnis unserer negativen Gefühle. Statt frei zu sein, bevorzugen wir freiwillig »Recht« zu sprechen. Doch die Schuldfrage wird uns niemals beides gewähren.

Wollen wir lieber recht haben oder lieber frei sein?

Die klassische Schuldfrage bei einem Streit zu stellen führt nur zu weiterem Streit, denn Schuld trägt immer die Energie des Konflikts in sich, die sich dupliziert und ihn so potenziert. Statt Schuldsprüchen können nur Freisprüche die Wurzeln eines Streits auflösen.

Auch die Frage nach der Schuld ist eine Form des Widerstands gegen die Realität. Wir übertragen die Verantwortung, statt unseren eigenen Anteil anzuerkennen und die einzige Veränderung anzustoßen, die wir anstoßen können – unsere eigene. Sich der unveränderbaren vergangenen Realität zu widersetzen kostet uns Unmengen unserer Energie. Akzeptieren wir hingegen den vergangenen Umstand, der einen Konflikt ausgelöst hat, setzen wir die aufgestaute Energie frei. So können wir sie konstruktiv nutzen, um statt der unveränderbaren Vergangenheit unsere Gegenwart zu formen und eine Realität frei von Widerständen zu erschaffen.

Die Realität zu akzeptieren bedeutet nicht, etwas zukünftig tolerieren oder gutheißen zu müssen, sondern es gegenwärtig anzunehmen, bevor sich die Wirkung unserer Energie duplizieren und sich auf die umliegenden Energien übertragen wird. Für ein harmonisches Miteinander und die Akzeptanz der Individualität der Menschen gilt es, liebevoll und respektvoll zu diskutieren, statt zu streiten und zu richten.

Die effektivste Form, um unsere Wirklichkeit zu verändern, ist, uns selbst zu verändern. Die Veränderung, die wir uns von anderen wünschen, selbst zu sein. Erwarten wir die Veränderung von anderen, führt die Erwartung in unserem Gegenüber zu Stress. Der Stress führt zu Schutzstrategien, um den Stress zu reduzieren. Es tritt das Gegenteil der Erwartung ein, die wir uns erhoffen. Unser Gegenüber blockt ab, greift an oder zieht sich zurück. Leben wir hingegen bedingungslos die Veränderung, die wir uns wünschen, wird sich unsere neue Energie als Ursache auf unsere Umwelt duplizieren und eine Wirkung hervorrufen, die den Erwartungen entspricht, die wir zuvor an sie abgelegt haben.

Vergebung hat nichts mit anderen Menschen zu tun. Vergebung bedeutet, sich von seinen eigenen Schmerzen des Schuldspruchs zu befreien. Wenn wir vergeben, geben wir den Widerstand gegen die unveränderbare Vergangenheit auf. Wir kehren in die Gegenwart zurück und verwandeln uns wieder von der reaktiven Schöpfung unseres vergangenen Glaubens zum aktiven Schöpfer unserer willentlichen Zukunft. Wir wechseln von der Anklagebank des einseitigen Richters auf die Seite der unvoreingenommenen Erkenntnis. Unsere Prozesse beginnen mit einem Freispruch und enden mit der Erkenntnis, dass es nicht einmal etwas freizusprechen gibt.

Du hast recht.
Ich vergebe dir.
Ich verstehe dich.
Ich übernehme die Verantwortung.

Das sind die mächtigsten Affirmationen, die die Mauern jedes Konflikts restlos einreißen, sofern sie sich in unserem Unterbewusstsein verankert haben und wir sie nicht nur kennen, sondern auch leben.

Streit ist ein unnatürlicher Zustand, der in vielen Realitäten zum »natürlichen« Gleichgewicht geworden ist. Doch ein Leben in unserer Unendlichkeit ist streitlos. Ein Konflikt ist die Wirkung der künstlich erschaffenen Illusionen aus unseren destruktiven Glaubenssätzen. Deswegen finden wir in der Umkehrung unseres Glaubens von Recht und Schuld immer auch Wahrheit. Unsere gesamte Realität ist eine Projektion unserer Glaubenssätze. Daher ist nichts von dem, was wir behaupten, eine imperative Wahrheit, sondern ein konjunktiver Glaube. Wir wissen nie, wir glauben immer. Nehmen wir Abstand von unserem im Schatten wirkenden Glauben und richten das Licht unseres Wachbewusstseins auf ihn, erkennen wir, dass im Recht zu sein, nicht zu vergeben und nicht zu verstehen unserem Willen widerspricht. Ein solcher Glaube erschafft eine Zukunft auf dem Fundament der Trennung. Wenn unser Wille hingegen eine Zukunft ist, die auf Verbundenheit, Liebe und Zusammenhalt erbaut wird, sind bedingungsloses Eingeständnis, Vergebung, Verständnis und Versöhnung die einzigen Wege, die uns an unser Ziel führen.

Wenn wir unsere destruktive Projektion in einem Streit enttarnen und uns ihr bewusst werden, dann können wir hinterfragen, ob wir den Menschen oder die Situation gerade ausgeglichen bewerten oder ob wir nur eine unserer eigenen Projektionen verurteilen.

Der erste Schritt der Eigenermächtigung besteht immer darin, alle Widerstände gegen die Wirklichkeit abzulegen, indem wir alle Verurteilten von ihrer Schuld befreien. Der zweite Schritt ist die Erkenntnis unseres Projektionsverhaltens. Der dritte ist die Annahme unserer Verantwortung.

Jedes Mal wenn wir etwas oder jemandem die Schuld für unsere Realität übertragen, übergeben wir ihm eine hohe Macht über unsere Realität. Statt unser Leben selbst zu bestimmen, werden wir fremdbestimmt – ob durch einen Freund, einen Kollegen, die Arbeit, unsere Kindheit oder das Wetter. Wenn wir uns davon überzeugen, dass jemand anderes für unsere Gedanken und Gefühle verantwortlich ist, entmachten wir uns und werden zum wehrlosen Spielball des vermeintlich Schuldigen. Wenn wir hingegen erkennen, dass wir nicht von unserer Außenwelt geformt werden, sondern wir unsere Außenwelt durch unseren Glauben formen, nehmen wir die Verantwortung und damit auch die Macht über unsere gesamte Realität zurück. *Kompromisslose Eigenverantwortung* führt zu *uneingeschränkter Eigenermächtigung*.

Unser Licht kann unser Universum nur erleuchten, wenn wir bereit sind, die volle Verantwortung für unser gesamtes Leben zu übernehmen. Wenn wir stattdessen die volle Verantwortung einer schwierigen Kindheit, einem Schwur, einem fremden Gott oder einer fernen Quelle übertragen, dann begrenzen wir unsere Unendlichkeit und werden von einer unerschöpflichen Quelle zu einem willkürlichen Tropfen, der nicht selbst bestimmt, wann uns die Wellen von Glück, Heilung und Erfüllung erreichen. Jegliche Vorstellung existiert nur durch uns in uns. Jede Vorstellung beeinflusst uns durch unsere Bedeutung, an die wir glauben. Positiv wie negativ. Wenn wir unser Glück und Unglück einem anderen Leben, dunklen Kräften oder einer anderen universalen Macht alleinig zugestehen, entmachten wir uns und halten uns in dem engen Käfig unserer Grenzen gefangen. Das bedeutet nicht, dass externe Energien oder karmische Verbindungen nicht existieren und uns nicht beeinflussen könnten. Allerdings wird sich nichts in unserem Leben verändern, wenn wir ihnen mehr Macht zusprechen als uns selbst. Nichts ist stärker als unser Glaube.

Wir können nicht jeden Stein kontrollieren, der in unser Leben rollt. Aber wir sind für seine Bedeutung verantwortlich, mit der er unser Leben beeinflusst. Nicht immer können wir bestimmen, ob wir ihn nutzen, wir können jedoch immer bestimmen, wie wir ihn nutzen. Wir entscheiden, ob wir uns an einem spitzen Stein schneiden oder ihn als Werkzeug verwenden, ob wir über einen großen Stein stolpern oder ihn als Stütze benutzen. Selbst bei einer Lawine entscheiden wir, ob wir unter unseren eingestürzten Mauern liegen bleiben oder ob wir den Schutt als solides Fundament nutzen, um darauf einen Palast zu erbauen.

So wird jede bewusst gewordene Projektion zu einem wertvollen Hinweis und einer Einladung, um von einem Ungleichgewicht wieder zurück in unsere Quelle zu kehren. Ignorieren wir Projektionen, sprechen unsere Außenwelt schuldig und übertragen ihr so die Verantwortung für unser Leben, ignorieren wir die Chance, uns weiterzuentwickeln. Statt uns auf unserem Pfad in unsere Freiheit nach vorn zu bewegen, drehen wir uns in unserem Gefängnis im Kreis. Jede ungelöste Projektion wird immer wieder zu uns zurückkehren, da der unterbewusst wirkende Glaubenssatz, der sie ausgelöst hat, weiter in uns wirkt und wächst. Jeder Widerstand in unserem Leben wird uns als Projektion unseres Glaubens immer wieder begegnen, bis wir den entsprechenden Glaubenssatz durch einen positiven Glaubenssatz ersetzen.

Wenn wir den Glaubenssatz in uns tragen, wir seien nicht genug, dann werden wir im Außen auch immer wieder auf Partner, Freunde und Arbeitskollegen treffen, die uns dieses Gefühl der Wertlosigkeit spiegeln. Alles, was wir in irgendeiner Form verurteilen, wird sich uns weiter als Aufgabe stellen. Erst wenn wir unsere Wunden heilen, werden sich auch die Wunden in unseren Spiegelbildern schließen. Wenn wir die Wunden unserer Umwelt jedoch nicht als unsere Projektion ansehen, bleiben sie in uns und werden immer tiefer. Nach der energetischen Duplikation werden wir daraufhin weitere Menschen und Situationen anziehen, die uns als Spiegel eine Räuberleiter bauen, um unsere Grenzen zu überwinden. So können unsere »schlimmsten Feinde« und die »ausweglosesten« Situationen zu unseren wertvollsten Wegweisern werden, indem sie uns über unsere letzten Grenzen führen, die wir ohne sie niemals entdeckt hätten.

Nicht selten beginnt hinter dem tiefsten Schmerz die Quelle unseres ewigen Glücks.

Polarität –
zwischen der
Leere und deiner
Unendlichkeit

»Wenn unser Leben doch bunt ist, wieso verlieren so viele Leben ihre Farbe?«

»Jeder Mensch beginnt sein Leben als glänzende Perle der Natur. Ihr öffnet eure Augen und malt mit jedem Wimpernschlag ein neues Bild der endlosen Welt. Ihr erkundet sie mit unstillbarer Neugier und verliebt euch in ihre Vollkommenheit. Die Welt liebt auch euch, und so enthüllt sie ihre sensibelste Gestalt und offenbart euch ihre Magie. Doch während ihr noch mit der Sonne lacht, beenden die Erwachsenen euer Spiel. Sie wiegen euch in ihren zerrenden Schlaf, bis ihr müde werdet und in ihren Traum fallt. Je tiefer ihr sinkt, desto enger wird der Raum, in den ihr euch flüchtet. Getrieben von Angst, verschließt ihr die Tür zu eurem Raum und beginnt, ihn zu teilen. Was überall war, wird zu hier oder dort. Was immer war, wird zu vorher oder nachher. Was wir war, wird zu mir oder dir. Was vollkommen war, wird gut oder schlecht. Die Magie schreckt mit jeder Trennung weiter zurück, bis sie aus eurer Welt flieht. Euer buntes Universum verwandelt sich in ein farbloses Gefängnis. Was euch bleibt, ist das ferne Leuchten der Sterne. Ihr könnt in die Leere greifen, doch ihr werdet niemals die Sterne erreichen. Wenn ihr eure Augen letztendlich wieder schließt, beendet ihr euer Leben als Perle – doch den Sternenstaub in euren Augen habt ihr mit eurem Glanz bezahlt.«

Es sind die tiefsten Schläge, die uns so hart treffen, dass wir beginnen, die Richtung zu wechseln. Wer nicht von seinem Weg abkommt, hat auch keinen Grund, den Weg zu wechseln. Auf den bekannten Wegen stolpern wir, fallen hin und verletzen uns. Trotzdem folgen wir unserem Weg an der Hand unserer Angst weiter. Erst wenn wir ein Stück Boden unter unseren Füßen verlieren, erkennen wir die einengenden Wände unter der tiefen Decke unseres einstürzenden Tunnels. Erst in unserer Leere sehen wir das erste Mal über die Trümmer unserer Grenzen hinweg und können unbeschädigte Straßen mit breiten Spuren und hellem Licht entdecken. Wir lernen auf dem Weg in die Unendlichkeit eine neue Art des Laufens, bis die Sonne endlich aus ihrem langen Schlaf erwacht und die Magie zurück in unser Leben kehrt.

Schmerz kann uns nicht nur in eine qualvolle Hölle aus Leid sperren, sondern uns auch zu unserem irdischen Paradies führen. Er kann Leben nehmen und Leben retten. Während die einen ihn für die böswilligsten Taten schuldig sprechen, sprechen die anderen ihn als den weisesten Lehrer ihres Lebens frei. Schmerzen erzeugen eine optische Täuschung für unsere Augen, hinter die wir nur mit unserem Herzen blicken können. Ein Bild, in dem jeder Mensch ein anderes Bild sieht. Vom dunkelsten Schatten bis zur Erleuchtung.

Wie kann eine einzige Ursache eine Unendlichkeit an gegensätzlichen Wirkungen haben? Aus demselben Grund, wieso wir ein Glas halb voll oder halb leer sehen, wir uns durch unseren Beruf in einem Gefängnis wiederfinden oder er uns das Tor zur Freiheit öffnet, wir im Nachthimmel die strahlenden Sterne bestaunen oder von der schwarzen Leere aufgesogen werden.

Die Farben und Formen unserer Realität werden von der Bedeutung gemalt, die wir einer Vorstellung geben. Unser Bewusstsein nutzt die Sprache der Vorstellungskraft und verknüpft jede Vorstellung unausweichlich mit einer Bedeutung. Wenn etwas »keine Bedeutung« für uns hat, ist auch das eine Bedeutung. Nicht zu deuten ist genauso unmöglich, wie nicht zu kommunizieren. Wir verwechseln »nicht zu kommunizieren« mit »nicht zu sprechen«. Dabei kann ein Schweigen eine höhere Aussagekraft als jedes Wort haben.

Wir deuten immer, alles und jeden, ausnahmslos. Eine Deutung entsteht durch einen gegensätzlichen Vergleich. Wenn wir eine Geste als Nettigkeit deuten, hat unser Unterbewusstsein sie mit Erinnerungen verglichen, in denen wir uns nicht nett behandelt fühlten. Um zu wissen, ob wir unser Leben mit dem »richtigen« Partner führen, müssen wir es zuvor mit »falschen« Partnern geteilt haben. Der Vergleich ist das Urprinzip, nach dem unser Bewusstsein etwas wahrnimmt. Wir können am blauen Himmel nur weiße Wolken sehen, weil die Wolken eine andere Farbe als der Himmel haben. Dabei sind Farben bereits eine Deutung. Was für den einen schon Violett ist, ist für den anderen noch Pink. Wahrzunehmen bedeutet, vergleichend zu deuten.

Woher wüssten wir, was Freude, Gesundheit und Glück sind, wenn wir Trauer, Krankheit und Pech nie erfahren hätten?

Deutung, Bedeutung, Vergleich, Bewertung und Urteil bilden mit weiteren Wörtern Synonyme. Verschiedene Begriffe, die denselben Vorgang beschreiben. Eine Bewertung entsteht nicht erst durch ein Adjektiv wie »gut« oder »schlecht«. In jedem Wort, das wir sprechen, steckt ein Urteil. Wenn wir unseren Zeigefinger in den Himmel heben und rufen: »Das ist der Himmel«, ist das nicht weniger ein Urteil, als wenn wir unseren Zeigefinger auf einen untreuen Ehemann richten und sagen: »Das ist ein schlechter Mensch«, oder Vorurteile hegen, wie dass ein Model oberflächlich, ein Hauptschüler dumm und ein Arbeitsloser faul sei.

»Negativ« wertende Adjektive verdeutlichen die Bedeutung der Vorstellung, doch Wörter sind nur Träger, die unseren Vorstellungen und ihren Bedeutungen einen äußeren Ausdruck verleihen und damit unsere Kommunikation ermöglichen. Worte sind nur ein künstlicher Ausdruck unserer Vorstellungen, der häufig ihre Bedeutung nicht ausreichend kommuniziert. Daraus resultieren Fehlkommunikationen und Konflikte. Wenn ein anderer Mensch eine Vorstellung ohne eine offensichtliche Bedeutung äußert, verknüpfen wir sie mit einer eigenen Bedeutung, weil unser Bewusstsein jede Vorstellung mit einer Bedeutung ausstattet. Allerdings unterscheidet sich unsere

Realität von jeder fremden Realität. Deswegen unterscheidet sich unsere Bedeutung auch von der nicht erkennbaren fremden Bedeutung. Dadurch entsteht ein Missverständnis.

Auch in den Sätzen »Das ist der Himmel« oder »Das ist ein Dummkopf« verbergen sich Deutungen. Sogar Vorstellungen ohne wertende Substantive und Adjektive beinhalten eine Bedeutung. Zu jedem Gedanken haben wir ein bewusstes oder unbewusstes Gefühl. Dadurch wird jede Vorstellung individualisiert.

Jedes Urteil ist eine Verurteilung. Jede Wertung ist eine Bewertung. Jede Bedeutung ist eine Deutung. Jedes Wissen ist nur ein Glaube. Wir bewerten alles, immer und überall. Da wir unsere Wahrnehmung nicht einstellen können, können wir auch nicht aufhören zu werten. Zu bewerten heißt, unserer Gegenwart auf der Grundlage unserer Vergangenheit eine Bedeutung zu geben. Nicht nur das Wort, sondern auch jeder Gedanke teilt einer Vorstellung eine meist unbewusste Bedeutung zu, weil unsere Wahrnehmung nach diesem Prinzip funktioniert. Sich diesem Prinzip zu entziehen, nicht zu werten, ist mit der menschlichen Wahrnehmung unmöglich.

Neutralisation

»Warum passieren guten Menschen schlechte Dinge?«

» Wer entscheidet, was gut und was schlecht ist?«

»Alle zusammen.«

»Nein. Jeder allein. Was für dich schlecht
ist, kann für einen anderen gut sein.«

»Wieso hast du das Licht vom Schatten getrennt?«

»Ist es das, was du siehst?«

»Ja.«

»Dann höre gut zu. Ich werde dir die
Geschichte des Schattens erzählen.

Eines Nachts hörte die Sonne die
Nacht weinen und flog zu ihr.

›Wieso weinst du, kleine Nacht?‹, fragte die Sonne.

›Es sind die Menschen‹, schluchzte die
Nacht. ›Wenn ich zu ihnen komme, schließen
sie ihre Augen. Sie hassen mich.‹

Da antwortete die Sonne: ›Nein, kleine
Nacht. Wenn du zu ihnen kommst, öffnen
sie ihr Herz. Sie lieben dich.‹

Doch die kleine Nacht weinte weiter.

›Wieso weinst du, kleine Nacht?‹, fragte die Sonne.

›Es sind die Menschen‹, entgegnete die
Nacht. ›Wenn ich zu ihnen komme, können
sie nichts mehr sehen. Sie hassen mich.‹
Da antwortete die Sonne: ›Nein, kleine
Nacht. Wenn du zu ihnen kommst, können
sie sich sehen. Sie lieben dich.‹
Doch die kleine Nacht weinte weiter.
›Wieso weinst du, kleine Nacht?‹, fragte die Sonne.
›Es sind die Menschen‹, entgegnete die
Nacht. ›Wenn ich zu ihnen komme, endet
ihre Freude. Sie hassen mich.‹
Da antwortete die Sonne: ›Nein, kleine Nacht. Wenn
du zu ihnen kommst, endet ihr Leid. Sie lieben dich.‹
Doch die kleine Nacht weinte weiter.
Die Sonne umarmte die Nacht, doch ihre Tränen
kullerten weiter aus ihren schweren Augen.
Daraufhin öffnete die Sonne ihren lächelnden
Mund und bat die Nacht, in ihren weichen Wangen
Platz zu nehmen. Dann sank sie hinunter zur Erde.
Die Sonne schien so hell, dass die Menschen ihre
Augen schlossen. Als alle Augen verdeckt waren,
pustete sie die kleine Nacht mit einem sanften
Hauch aus ihren warmen Wangen aus. Nachdem
die Menschen ihre Augen wieder öffneten, lachte
die Sonne zu der Nacht hinunter, die nun hinter
den jubelnden Menschen stand. Als liebevoller
Begleiter auf ewig mit ihnen verbunden.«

Jede Eigenschaft in unserem Universum nehmen wir als einen Grad zwischen zwei Gegensätzen wahr. Diese Gegensätze sind in ihrer Art gleich. Jede Farbe ist ein Grad zwischen Weiß und Schwarz. Genauso ist jede Temperatur ein Grad zwischen Wärme und Kälte und jeder Glaube nur ein Grad zwischen Wahrheit und Lüge.

Während ein vereinbares Gegensatzpaar eine Polarität bildet, nennen wir unvereinbare Gegensätze in ihrer einseitigen Betrachtung eine Dualität. Die Dualität ist im Gegensatz zur Polarität allerdings illusionär, weil Gegensätze in ihrer Natur niemals konträr, sondern immer komplementär sind. Sie sind nicht getrennt, sondern untrennbar miteinander verbunden. Erst die Deutung des Menschen trennt ein zusammengehörendes Paar zweier Pole. So sind Tag und Nacht, hell und dunkel oder krank und gesund niemals zwei getrennte Hälften. Sie sind ein verbundenes Ganzes, welches unsere Wahrnehmung unterteilt, um ihren vielfältigen Ausdruck erfahren zu können. Doch jegliche Trennung ist eine künstlich erschaffene Illusion. Die Grenzen in unserem Haus entstehen durch die Wände, die wir bauen. Die Grenzen zu unserem Nachbarn durch die Hecke, die wir pflanzen. Wir grenzen uns von anderen Menschen und auch von unserer Quelle ab. Erst wenn wir die Illusion der Grenzen in ihrer Mitte übertreten und Getrenntes wieder miteinander verbinden, erkennen wir die wahre Realität.

Die Ausdrücke zwischen Polaritäten sind unendlich. Am Beispiel des Menschen, dessen Polarität sich unter anderem durch das männliche und weibliche Geschlecht ausdrückt, zeigt sich die Unendlichkeit, indem niemals auch nur zwei identische Menschen existieren werden. Somit ist der individuelle Ausdruck eines Menschen unendlich. Weil wir uns die Unendlichkeit jedoch nicht vorstellen und daher nicht wahrnehmen können, besitzt unser Bewusstsein die Fähigkeit zu polarisieren. Wir benötigen einen Anfang und ein Ende, Schwarz und Weiß, oben und unten und vorher und nachher. Daher erschaffen wir immer zwei künstliche Gegensätze, um Manifestationen voneinander unterscheiden und dadurch bestimmen zu können. Hitze kann für uns ohne Kälte nicht existieren, Vergangenheit nicht ohne Zukunft, Minus nicht ohne Plus und Reichtum nicht ohne Armut. Trotzdem besteht alles, was wir jetzt gerade in uns und um uns herum wahrnehmen, aus denselben atomaren Teilchen. Alles ist ein Ausdruck derselben Energie. Dennoch unterscheiden wir Rot von Blau, einen Tisch von einem Stuhl und mich von dir.

Die Polarität bildet eine vereinfachte Metapher der Vielfalt, die uns hilft, die Einseitigkeit zu überwinden und unser Bewusstsein für die Vielfalt der Realität zu weiten. Nichts hat nur eine Seite. Alles hat eine Unendlichkeit an Seiten, die wir zwar nicht sehen, doch durch die Polarität erahnen können.

Die Basis jedes kosmischen Konflikts ist jedoch noch nicht die fiktive Teilung von einer Seite in zwei Seiten. Sowohl ein Streit um das letzte Stück Schokolade als auch ein Weltkrieg basieren nicht darauf, dass wir uns als getrennte Individuen wahrnehmen, sondern darauf, dass wir uns und unsere Realität als besser oder schlechter, lieber oder böser und wertvoller oder wertloser als andere Menschen und Realitäten deuten.

Konflikte entstehen nicht durch die Existenz der Polarität, denn dieser können wir uns nicht entziehen, sondern durch die einseitige Betrachtungsweise zweier Seiten. Statt Licht *und* Schatten, sehen wir Licht *oder* Schatten. Leid entsteht nicht dadurch, *dass* wir bewerten, sondern *wie* wir bewerten.

Die radikalste Dualität ist die Trennung in »Gut« oder »Schlecht«, die den meisten Bedeutungen beiwohnen. Als Kind wird unsere Welt in »entweder-oder« eingeteilt. Wir lernen in Schwarz oder Weiß zu denken. Die Mutter jeder Trennung bildet unsere allererste Trennung: *Das bist du, das bist du nicht.* Es folgen: *Das hast du, das hast du nicht. Das willst du, das willst du nicht. Das brauchst du, das brauchst du nicht. Das musst du, das musst du nicht. Das darfst du, das darfst du nicht.* Und als Ergänzung zur Mutter aller Trennungen der Vater jeder Trennung als krönenden Abschluss: *Das kannst du, das kannst du nicht.* Diese Denkweise bildet das Fundament unserer Glaubenssätze.

Weil wir jeden Tag durchschnittlich zwischen 35.000 und 70.000 Gedanken haben, die in »gut« oder »schlecht« sortiert werden, widmet sich unser leistungsstärkeres Unterbewusstsein dieser Aufgabe. Unser Unterbewusstsein kann unsere Entscheidungen jedoch nicht prüfen und muss sie wegen der riesigen Datenmenge einströmender Gedanken in Höchstgeschwindigkeit treffen. So entstehen intuitive Deutungen, die häufig unserem bewussten Willen widersprechen, weil sie unserem unterbewussten Glauben entspringen. Aus einem Urteil wird ein Vorurteil. Aus dem Partner, der uns liebevoll umsorgt, wird ein Partner, der unsere Freiheit einschränkt. Aus unserer Einzigartigkeit wird eine Eigenartigkeit. Aus der fürsorglichen Welt, die alles in Hülle und Fülle für uns bereitstellt, wird die ungerechte Welt, die uns alles nehmen will.

Blicken wir hinter die fiktiven Extreme unserer Wahrnehmung, erkennen wir, dass alle Gegensätze in ihrem Wesen identisch sind. In der göttlichen Natur sind deswegen zwei Gegensätze erst zusammen vollständig. Wärme und Kälte ergeben die Temperatur, Vergangenheit und Zukunft die Zeit, Mann und Frau den Menschen und Reichtum und Armut den Besitz. Alle Polaritäten bilden in ihrem ausgeglichenen Zustand eine harmonische Einheit.

Um die Dualität zu überwinden, müssen wir uns von einem Extrem zurück in die Mitte zwischen zwei Extremen bewegen und die einseitige Betrachtung der Zweiseitigkeit dadurch neutralisieren. Heben wir die ungleiche Trennung auf, heben wir den Schmerz auf. Nicht durch die Ausgrenzung eines Pols, sondern durch die Verbindung beider Pole.

Zentrierung

Stellen wir uns den Menschen wie eine zweischalige Waage vor. Das Gewicht, mit dem wir uns beladen, ist die Polarität. Als Waage sind wir erschaffen, um Gewicht zu tragen, deswegen belastet uns das Gewicht in seinem natürlichen Zustand nicht, sondern ruht auf uns. Erst wenn wir von einer polaren in eine duale Wahrnehmung wechseln und so das Gewicht verlagern, entsteht ein Ungleichgewicht. Das Gewicht wird zur Last, die uns hinunterzieht. Um wieder ein Gleichgewicht herzustellen, können wir das Gewicht nicht einfach entfernen. Wir können uns in einer Welt aus Zweiseitigkeit nicht einfach einer Seite entledigen. Das käme damit gleich, eine Seite zu ignorieren. Doch wenn wir unsere Last ignorieren, wird sie so lange weiterwachsen, bis wir unter ihrem Gewicht einbrechen. Wenn wir stattdessen durch den Ausgleich beider Seiten ein Gleichgewicht herstellen, hebt sich das Gewicht beider Seiten auf. Wir finden wieder in unsere Mitte, in der uns keine Seite mehr belastet.

Wir können nicht wählen, ob wir einer Vorstellung eine Bedeutung geben. Doch wir können wählen, *welche* Bedeutung wir ihr geben und dadurch unsere Wahrnehmung ausdehnen. Nur wir selbst treffen die Wahl der Bedeutungen, deswegen können wir sie jederzeit verändern. Diese Erkenntnis birgt unendliche Freiheit. Trotzdem sind unsere Urteile überwiegend unbewusste Vorurteile. Sie entstehen durch die Geschwindigkeit, in der unser Unterbewusstsein unsere Vorstellungen voneinander trennt. Das Unterbewusstsein nutzt die illusionäre Einseitigkeit der Dualität, um die Komplexität der Millionen von Sinneseindrücken zu vereinfachen und so mehr von ihnen verarbeiten zu können. So urteilen wir unterbewusst, bevor unser Wachbewusstsein einen Raum zwischen Vorstellung und Deutung schaffen konnte.

Wenn wir durch Reflexion, Affirmationen und Meditationen in unsere Mitte zurückkehren, entschleunigen wir unsere Gedanken, um uns einen breiten Raum zwischen Vorstellung und unbewusster Bedeutung zu erschaffen. Wir dehnen den engen Raum aus, um bewusst zu deuten. Statt zwei Extreme unterschiedlich zu bewerten, obwohl sie beide ein Grad des Gleichen sind, harmonisieren wir das Ungleichgewicht durch eine ausgeglichene Bewertung. Das ist die höchste Form von Intelligenz, die wir nur in unserer Quelle erreichen können.

Als Menschen wird unser Bewusstsein immer werten. Nicht mehr einseitig zu werten, sondern jede Seite zweiseitig zu betrachten, beendet unsere Schmerzen. Wir schließen alle Seiten ein, statt eine Seite auszuschließen.

Eine zentrierte Wertung ist eine göttliche Wertung. Eine ausgeglichene Haltung stimmt mit der ihm zugeschriebenen Eigenschaft überein, dass Gott niemanden verurteilt oder bestraft. »Gott liebt jeden Menschen« heißt es. Bedingungslos. Statt zu urteilen, vergibt er. Statt zu werten, versteht er, denn jeder Mensch ist ein Kind Gottes. Auch wir können diese göttliche Liebe erreichen. Nicht, indem wir nicht mehr werten, sondern indem wir alles *gleichwertig* bewerten. Dafür müssen wir uns jedoch nicht dematerialisieren und unser irdisches Paradies verlassen. Gott entzieht sich nicht der Polarität. Gottes Liebe ist bedingungslos, weil er sich der einseitigen Wertung der Polarität und damit lediglich der Dualität entzieht. Er besitzt einen anderen Bewusstseinszustand, in dem er Gegensätze vereint, statt sie zu trennen.

Jenseits des Dualismus zu leben ist auch mit einem polarisierenden Bewusstsein in einer Welt aus illusionären Gegensätzen möglich, wenn wir uns zwischen den Polen zentrieren. Durch die Zentrierung erreichen wir einen Zustand, in dem wir uns noch in der Polarität befinden, die Polarität jedoch gewissermaßen nicht mehr in uns. Inmitten zweier Gegensätze können wir beide Pole erkennen, weil uns die gleiche Entfernung zu ihnen verbindet. Wir sind zu keinem Punkt hingezogen. Weder bevorzugen wir eine Seite, noch benachteiligen wir die andere Seite. Wir leben in der Singularität der Liebe, während wir durch die Polarität ihre Unendlichkeit erfahren können. Wir ignorieren die Polarität nicht oder wehren uns gegen sie, sondern sehen sie uns bewusst an und lassen sie zu. Dadurch legen wir die Ketten der unausgeglichenen Verurteilung ab. Nicht weil es in einem Buch empfohlen wird, sondern aus Selbstliebe. Bedingungslose Akzeptanz befreit uns von allen inneren Widerständen. Eine duale Wahrnehmung ist eine leidvolle Krankheit, mit der wir nicht nur andere verletzen, sondern vor allem uns selbst.

Bewegen wir uns in unsere göttliche Mitte, gewinnen wir die Erkenntnis, dass niemals etwas gegen uns geschehen kann, sondern alles für uns geschieht. Alles ist »richtig«, weil alles Negative eine positive Seite hat. Auch das Leid unserer destruktiven Glaubenssätze können wir dankbar hinter uns lassen, weil es uns als Wegweiser diente, der uns den Weg in unsere Unendlichkeit offenbart hat. Genauso wenig, wie etwas gänzlich gegen uns geschehen kann, können wir Aufgaben erhalten, die wir nicht bewältigen können. Jeder noch so tiefe Schmerz und jede noch so schwierige Aufgabe dient uns immer auch dazu, um zu wachsen. Nichts geschieht gegen uns. Alles geschieht für uns, damit wir uns weiterentfalten und uns in unserer Unendlichkeit erfahren können.

Wenn wir die Reise unseres Lebens antreten und in allem das Gute sehen, kann uns niemand mehr verletzen und nichts kann uns mehr schaden. Wir entwickeln nicht nur Akzeptanz, sondern Dankbarkeit für jeden Umstand, weil uns jedes Ereignis in die »richtige« Richtung geleitet hat, um dort anzukommen, wo wir heute stehen und morgen stehen werden. Durch diesen positiven Glauben erreichen wir ein derart hohes Energieniveau, dass wir damit jeden Berg in unserem Leben erklimmen können.

Polarisierung

In unserer Natur sind wir die Manifestation Gottes. Die Liebe, die sich als die Wirkung ihres eigenen Ursprungs in der freien Form eines Menschen erfährt. Liebe ist ein Ausdruck der wahren Verbundenheit. Die Dualität zur wahren Liebe wäre nicht Hass, sondern die illusionäre Trennung. Um mit dem Licht der Wahrheit die Dunkelheit der Illusion zu erhellen, müssen wir Getrenntes miteinander verbinden. Dadurch heben sich zwei Seiten nicht auf, sondern werden eins. Der Tag lebt im Einklang mit der Nacht, weil sie untrennbar miteinander verbunden sind. Ein neues Leben entsteht, indem Mann und Frau sich vereinen. Kriege werden zu Weltfrieden, wenn jeder erkennt, dass wir alle ein Teil eines großen Ganzen sind.

Wenn wir uns von der Bedeutung trennen, die in uns Wut, Trauer, Enttäuschung oder Ohnmacht ausgelöst hat und uns mit der gegenteiligen Bedeutung verbinden, löst sich jeder unserer Widerstände in Liebe auf. Der Gegenpol eines Widerstands ist die widerstandslose Freiheit. Unvereinbare Gegensätze können nicht zur selben Zeit im selben Raum herrschen, denn dann wären sie nicht mehr voneinander getrennt. Die Trennung ist ihr Wesen. Deswegen kann in uns kein negativer Glaubenssatz zeitgleich gegen einen positiven Glaubenssatz wirken. Je weniger wir unseren negativen Glauben leben, desto mehr werden wir unseren positiven Glauben leben. Bis nur noch unser positiver Glaube existiert.

Ein Widerstand kann in seiner Wirkung »natürlich« werden, doch im Ursprung unserer Quelle ist ein Leben, das von Widerständen geprägt wird, ein unnatürlicher Zustand. Destruktive Glaubenssätze bilden eine Illusion, die uns von unserer Quelle entfernen. Unser bewusster Wille als ihr Gegenpol ist unsere Wahrheit, die uns zu unserer Quelle zurückführt.

Unterbewusste Bedeutungen teilen unsere Vorstellungen in zwei Seiten, die wir einseitig bewerten. Wenn wir die Dualität als eine Illusion des menschlichen Bewusstseins erkennen, haben wir sie bereits mit einem Bein verlassen. Im zweiten Schritt wechseln wir von der einseitigen Sichtweise in die zentrierte zweiseitige Betrachtung, um das erzeugte Ungleichgewicht wieder auszugleichen. Fällt unser Blick erst einmal wieder auf beide Seiten, können wir bewusst entscheiden, wohin wir uns bewegen.

Weder dieses Buch noch irgendein anderer kann verallgemeinern, was »gut« und was »schlecht« ist. Doch wir können lernen, wie wir das erreichen, was wir als »gut« bewerten bzw. was wir uns für unser Leben wünschen. Destruktive Glaubenssätze halten uns von unseren Wünschen fern, deswegen bringt uns ihre Polarisation zu unserer gewünschten Realität. Kehren wir einen destruktiven Glaubenssatz um, erkennen wir, dass die Umkehrung mehr Wahrheit enthält als er selbst.

Die Entscheidungsgrundlage unseres Unterbewusstseins richtet sich nach der Programmierung unseres Wachbewusstseins. Werten wir in unserem Wachbewusstsein einseitig, wertet auch unser Unterbewusstsein einseitig. Wir haben unser Unterbewusstsein dazu programmiert, unsere Realität einseitig in Schwarz oder Weiß wahrzunehmen. Doch unser Wachbewusstsein kann dieses Programm deinstallieren und unsere Realität in seiner bunten Vielfalt ganzheitlich wahrnehmen. Wenn wir unser Leben nicht mit einem, sondern mit zwei Augen wahrnehmen, schreibt unser Wachbewusstsein ein Programm, das mit jeder Wiederholung eine Ebene tiefer in unser Unterbewusstsein sinkt. Bis es unser Fundament erreicht und das alte Programm der Einseitigkeit mit dem neuen Programm der Zweiseitigkeit ersetzt. Entdecken wir durch eine Harmonisierung von Wach- und Unterbewusstsein die Quelle in uns und wiederholen das bewusste vielfältige Denken, kann unser Unterbewusstsein lernen, in Vielfalt zu denken und aus einer vielfältigen Betrachtung heraus zu handeln. Wenn sich in unserem Unterbewusstsein der Automatismus der zweiseitigen Betrachtung einschaltet, sind wir von allem Leid befreit, denn wir erkennen auch in den negativsten Umständen eine positive Eigenschaft.

Durch ein polar wertendes Unterbewusstsein befreien wir uns von dem Druck der einseitigen Bewertung, mit welchem wir unsere illusionäre Realität versehen haben. Wir verknüpfen sowohl unsere alten als auch unsere neuen Vorstellungen mit neuen Bedeutungen und erschaffen uns eine neue Realität. Plötzlich erkennen wir hinter jedem noch so bewölkten Himmel die Strahlen der Sonne, während uns eine einseitige Betrachtung entweder Wolken oder Sonne sehen lassen. Doch die Wahrnehmung von »entweder-oder« ist eine Illusion. Die Sonne scheint jeden Tag, auch wenn Wolken ihr Strahlen verdecken. So, wie wir unseren Partner noch lieben, selbst wenn wir uns mit ihm streiten. So, wie immer noch ein Ausweg existiert, auch wenn wir keinen Ausweg mehr sehen. Und so, wie wir immer eine andere Möglichkeit haben, auch wenn es uns unmöglich scheint.

Wenn wir die polare Deutung in unseren Alltag integrieren und wiederholen, reprogrammieren wir unser Unterbewusstsein. Statt Unvollkommenheit nehmen wir (nur noch) Vollkommenheit wahr.

Jede Schwäche hat eine Stärke. Jeder Fehler hat eine Richtigkeit. Jede Sackgasse öffnet sich, und jedes Problem wird zu einer Möglichkeit.

Häufig ist unsere Realität das genaue Gegenteil unseres Glaubens. Erkennen wir unsere negativen Glaubenssätze als Illusion, erkennen wir ihren Gegensatz als Wahrheit. Wir werden in ihrem Gegensatz immer die Wahrheit finden, denn Wahrheit und Illusion sind als Polarität untrennbar miteinander verbunden. Wir können jeden destruktiven Glauben polarisieren. Sowohl destruktive Glauben, die uns betreffen, als auch jene, mit denen wir unsere Mitmenschen und unsere Umwelt betrachten.

Haben wir ein ausgeglichen bewertendes Unterbewusstsein entwickelt, kehrt die Leichtigkeit wieder in unser Leben zurück. In ihren Armen trägt sie die Magie, die sehnsüchtig darauf gewartet hat, dass wir unsere Grenzen lösen, um zu uns zurückzukehren. Alle Streitigkeiten, die wir mit uns und unseren Mitmenschen führen, verlassen unser Gericht in Freiheit. Richter und Angeklagte feiern den Freispruch gemeinsam. Auch jene, die wir bereits zu einer Haft in unserem farblosen Gefängnis verurteilt haben, werden von ihren Ketten befreit. Mit jedem unausgeglichenen Urteil haben wir uns begrenzt. Mit jedem ausgeglichenen Urteil kommen wir unserer Unendlichkeit näher.

Durch eine einseitige Betrachtung erschaffen wir einen Konflikt. Durch eine zweiseitige Betrachtung verstehen wir einen Konflikt. Durch eine vielfältige Betrachtung lösen wir einen Konflikt. Durch eine unendliche Betrachtung erschaffen wir nie wieder einen Konflikt.

Aufgrund der Polarität hat auch ein positiver Glaube eine negative Seite. Wir können die Polarität nicht außer Kraft setzen. Dieser vergebliche Versuch endet nur in einem fruchtlosen Widerstand gegen die Realität. Allerdings bewegen wir uns im harmonisierten Bewusstseinszustand frei zwischen allen Seiten.

Wir sehen statt einer immer mindestens zwei Seiten und können uns entscheiden, zu welcher Seite wir uns bewegen möchten oder ob wir uns zwischen beiden Seiten zentrieren. Die Erkenntnis unserer Quelle befreit uns aus der zyklischen Wiederkehr von »positiven« und »negativen« Lebensumständen. Dadurch können wir unsere Grenzen überwinden und uns frei zwischen allen Polaritäten bewegen.

Wir lernen, statt in »Entweder-oder«, in »Sowohl-als-auch« zu denken.
Statt in Schwarz oder Weiß, in Farben zu denken.
Statt in Unterschieden, in Gemeinsamkeiten.
Statt in linearen Extremen, in multidimensionalen Ausdrücken.
Statt in einseitigen Hälften, in vielfältigen Ganzheiten.

Die geistige Entwicklung von der Dualität in die Polarität befreit uns aus unserer Leere und führt uns in unsere Unendlichkeit. Wir können selbst entscheiden, welche Wirklichkeit wir leben möchten. Einen destruktiven Glaubenssatz oder seine Umkehrung? Was ist Illusion, was ist Wahrheit?

»Ich bin nicht liebenswert, weil ich Fehler habe.«

Niemand liebt dich. Nicht einmal dein Leben ist aus Liebe entstanden. Alle Menschen verachten dich. Du hast noch niemals irgendeinen Wert erschaffen und bist auch nicht in der Lage, jemals irgendeinen Wert zu schaffen. Deswegen ist dein Leben wertlos. Deine Fehler hast nur du. Sie haben verheerende Folgen für dich und deine Mitmenschen, deswegen werden sie von niemandem toleriert. Sie besitzen keinerlei positive Eigenschaft und haben dir in deinem Leben nichts als Leid und Zerstörung gebracht.

Wie viel Wahrheit verbirgt sich in dem gegensätzlichen Glauben?

»Ich bin liebenswert, weil ich keine Fehler habe.«

Jemand liebt dich. Dein Leben ist aus Liebe entstanden. Jeder Mensch, der dein wahres Ich kennenlernt, akzeptiert dich. Du hast etwas in deinem Leben erreicht und bist in der Lage, noch mehr zu erreichen. Deswegen ist dein Leben wertvoll. Auch andere Menschen teilen deine »Fehler«. Sie haben keine verheerenden Folgen für dich oder deine Mitmenschen, deswegen werden sie von anderen Menschen toleriert. Jeder deiner »Fehler« besitzt auch positive Eigenschaften und hat dir in deinem Leben etwas geschenkt, das dir heute hilft.

Für welche Wirklichkeit entscheidest du dich?

»Ich brauche in meinem Leben mehr, weil ich zu wenig habe.«

Dein Leben ist ein einziger Ausdruck des Mangels. Alles, was du besitzt, ist ungenügend. Deswegen brauchst du mehr. Wenn du mehr erhältst, wirst du glücklich sein. So war es immer in deinem Leben. Nachdem du mehr erhalten hast, ist das Glück in deinem Leben gestiegen. Solange du es behalten hast, ist dein Glück nie wieder gesunken. Deswegen sind die reichsten Menschen auch die glücklichsten Menschen.

Wie viel Wahrheit verbirgt sich in dem gegensätzlichen Glauben?

»Ich brauche in meinem Leben nicht mehr, weil ich alles habe.«

Dein Leben ist ein Ausdruck des Überflusses. Alles, was du besitzt, ist in einer eigenen Bedeutung wertvoll. Deswegen brauchst du nicht mehr. Wenn du mehr erhältst, wirst du dich freuen, doch Freude ist als ein Gefühl vergänglich. Glück ist hingegen ein Zustand und ewig.

Mehr Besitz hat dich noch nie glücklicher gemacht. Nachdem du mehr erhalten hast, sind auch Pflichten und Verantwortung gestiegen. Das anfängliche »Glück« ist mit der Zeit verblasst. Deswegen gehören die reichsten Menschen häufig zu den traurigsten Menschen.

Für welche Wirklichkeit entscheidest du dich?

»Ich darf nicht Ich sein, weil ich alle Erwartungen erfüllen muss.«

Niemand hat dich jemals Du sein lassen. Wenn du doch einmal Du bist, stoßen die Menschen dich ab. Authentizität ist unsympathisch. Wenn du nicht die Erwartungen an dich erfüllst, verlierst du alle deine sozialen Kontakte. Niemand wird Verständnis für dich haben, wenn du Du sein willst. Wenn du die Erwartungen an dich nicht mehr erfüllst, gerät dein Leben außer Kontrolle.

Wie viel Wahrheit verbirgt sich in dem gegensätzlichen Glauben?

»Ich darf Ich sein, weil ich keine Erwartungen erfüllen muss.«

Du bist bereits Du. Die Menschen um dich herum genießen es, wenn du Du bist. Authentizität ist sympathisch. Wenn du nicht die Erwartungen an dich erfüllst, verlierst du nicht alle deine sozialen Kontakte. Jeder wird Verständnis für dich haben, wenn du Du sein willst. Wenn du die Erwartungen an dich nicht mehr zwingend erfüllst, kontrollierst du dein Leben selbst.

Für welche Wirklichkeit entscheidest du dich?

»Ich kann meine Träume nicht realisieren, weil ich ein Opfer meiner Lebensumstände bin.«

Du hast noch niemals etwas geschafft, was du dir in den Kopf gesetzt hast. Jeder deiner Träume ist geplatzt. Jedes Detail deines Lebens ist ein Sinnbild des Misserfolgs. Jedes Scheitern basiert darauf, dass dein Leben dich zurückhält. Du kannst nichts in deinem Leben verändern. Alles andere unterliegt der energetischen Bewegung, nur dein starres Leben kann sich nicht bewegen. Du bist ein unfähiges Opfer, das niemals irgendetwas Lohnenswertes erschaffen wird.

Wie viel Wahrheit verbirgt sich in dem gegensätzlichen Glauben?

»Ich kann meine Träume realisieren, weil ich kein Opfer meiner Lebensumstände bin.«

Du hast bereits vieles geschafft, was du dir in den Kopf gesetzt hast. Einige deiner Träume sind bereits in Erfüllung gegangen. Zahlreiche Details deines Lebens sind ein Sinnbild deines Erfolgs. Hast du einmal ein Ziel nicht erreichen können, hast du dich selbst zurückgehalten. Du bist ein Schöpfer, der alles erreichen kann und noch vieles von unschätzbarem Wert erreichen wird.

Für welche Wirklichkeit entscheidest du dich?

»Andere sind besser als ich.«

Wo du auch bist, du wirst umgeben von perfekten Menschen. Du hingegen befleckst ihr makelloses Bild mit deiner Unvollkommenheit. Du bist ein Meer voller Schwächen. Niemand wäre gerne wie du. Niemand würde gerne dein Leben führen.

Wie viel Wahrheit verbirgt sich in dem gegensätzlichen Glauben?

»Andere sind nicht besser als ich.«

Wo du auch bist, du wirst umgeben von individuellen Menschen. Gemeinsam mit ihnen malst du das Bild deiner Vollkommenheit. Du bist ein Meer voller Stärken. Viele wären gerne wie du. Viele würden gerne dein Leben führen.

Für welche Wirklichkeit entscheidest du dich?

»Andere sind schlechter als ich.«

Wo du auch bist, du wirst umgeben von schrecklichen Menschen. Im Gegensatz zu deiner Vollkommenheit verunreinigen sie das makellose Bild, welches du mit jedem deiner Schritte zeichnest. Wären mehr Menschen so wie du, dann wäre unser Universum ein besserer Ort.

Wie viel Wahrheit verbirgt sich in dem gegensätzlichen Glauben?

»Andere sind nicht schlechter als ich.«

Wo du auch bist, du wirst umgeben von individuellen Menschen. Gemeinsam mit dir malen sie das Bild ihrer Vollkommenheit. Wären mehr Menschen so wie du, dann würde die Welt ihre wertvolle Vielfalt verlieren.

Für welche Wirklichkeit entscheidest du dich?

Die perfekte Illusion

»Kann ich mich von meiner Vergangenheit befreien?«

»Ja. Aber warum willst du dich von ihr befreien?«

»Weil ich in der Vergangenheit
Schmerzen erfahren habe.«

»Dann befreie deine Vergangenheit
von deinen Schmerzen.«

»Kann ich mich von meiner Zukunft befreien?«

»Ja. Aber warum willst du dich von ihr befreien?«

»Weil ich Angst vor der Zukunft habe.«

»Dann befreie deine Zukunft von deiner Angst.«

»Wie kann ich meine Vergangenheit
und Zukunft befreien?«

»Indem du zurück in die Gegenwart kehrst.«

»Aber ich bin jetzt in der Gegenwart.«

»Dann bist du jetzt von allen
Schmerzen und Ängsten befreit.«

Welche Rolle hat die Zeit in unserem modernen Leben?

Zeit ist nicht das Armband an unserem Handgelenk, die Uhr an der Wand oder die digitalen Ziffern auf dem Sperrbildschirm unseres Smartphones. Zeit ist auch nicht der Weckruf, um aufzustehen, das Signal, zur Arbeit zu fahren oder der Hinweis durch Falten, Rückenbeschwerden und Gelenkschmerzen, dass wir altern. Zeit ist viel mehr und doch viel weniger als das.

Um den diktatorischen Einfluss der Zeit in unserem Leben zu erkennen, ist es hilfreich, ein neues Verständnis für das Konstrukt der Zeit zu entwickeln. Zeit ist eine menschliche Erfindung, die nur in unserem Bewusstsein existiert. In der äußeren Realität kann dieses Gebilde nicht überleben. Die einzige Ewigkeit ist die Gegenwart. Jede Erinnerung an die Vergangenheit und jede Vision der Zukunft entsteht, lebt und stirbt in unserem Bewusstsein. Trotzdem lassen wir unsere Realität von einer imaginären Vergangenheit, statt von der einzigen Wirklichkeit des gegenwärtigen Moments erschaffen.

Die Zeit existiert einzig und allein in uns. Nur der Mensch kennt die Zeit und lässt sich von seiner eigenen Erfindung versklaven. Ohne die Zeit könnte kein Schmerz mehr entstehen, denn er hätte mit dem Ablauf der Vergangenheit in der Gegenwart keine Substanz mehr, an die er sich klammern könnte. Stattdessen bewegt sich unser Bewusstsein nur selten in der Gegenwart, während wir ununterbrochen zwischen Vergangenheit und Zukunft reisen. Dieser Wechsel erzeugt unsere Schmerzen und schützt so unser Ego, das ohne Schmerzen, durch die Desillusionierung der Trennung und der Erkenntnis der Verbundenheit, keinen lebenserhaltenden Sinn mehr besäße.

Die missverstandene Empfindung von Zeit entsteht durch eine Verwechslung von Zeit und Vergänglichkeit. Die Vergänglichkeit existiert im Gegensatz zur Zeit nicht nur in unserem Bewusstsein. Sie ist der unumgängliche Weg jeder Schöpfung. Ab dem Tag unserer Zeugung beginnt unsere äußere Hülle, sich dem Tod zu nähern. Die Vergänglichkeit verläuft linear. Sie ist gezwungen, sich jeden Moment ihres Daseins der Gegenwart zu unterwerfen. Sie kennt weder Vergangenheit noch Zukunft. Wir hingegen sind multidimensionale Schöpfer, und die Zeit ist unsere Schöpfung. Sie läuft keine Linie entlang, sondern springt unentwegt zwischen drei Ebenen hin und her.

Die Zeit ist durch ihren Schöpfer ebenso multidimensional wie ihr Schöpfer.

Die Polarität der Zeit

Wie jede andere Vorstellung unseres Bewusstseins unterliegt auch die Zeit unserer inneren Polarität. Deswegen kann sie sowohl für als auch gegen uns wirken.

Verlassen wir die Gegenwart, können wir analytisch denken. Wir sind imstande, gegenwärtige Ursachen mit den vergangenen Wirkungen vergleichbarer Ursachen in Relation zu setzen. Durch diesen Vergleich erzeugen wir Vorstellungen einer wahrscheinlichen Zukunft, die als Basis für unser rationales Handeln dienen. In der reinen Gegenwärtigkeit unseres Bewusstseins können wir nur auf die Gegenwart reagieren. Erst wenn wir sie mit der Vergangenheit assoziieren und mit der Zukunft in Verbindung setzen, können wir die Grenzen des Reaktionismus überwinden und selbstbestimmt agieren. Reisen wir in die Vergangenheit, können wir zudem unsere wertvollsten Erinnerungen wiederholt erleben, um durch die ausgelösten Gefühle von Freude, Glück oder Liebe Energie freizusetzen, die wir in der Gegenwart konstruktiv nutzen können. Ebenso kann uns die Zukunft als Antrieb dienen. Wenn wir uns in unsere ideale Zukunft begeben, lassen wir die Widerstände der Gegenwart los und werden durch die Vorstellungen unserer Träume beflügelt, um zurück in der Gegenwart auch über die höchsten Barrieren zu fliegen und uns in den dunkelsten Stunden von dem hellen Stern unserer grenzenlosen Zukunft leiten zu lassen.

Im Gegensatz zu ihrer positiven Seite kann eine sehr vergangenheitsbezogene und zukunftsgerichtete Denkweise, die sich ausschließlich auf Logik stützt, unsere Entscheidungen auch verlangsamen, indem sie unsere Intuition lähmt. Ebenfalls kann ein Ungleichgewicht zwischen rationalen und emotionalen Handlungen entstehen, sodass wir unsere Gefühle in der stark rational geprägten westlichen Welt vernachlässigen, um zu gesichtslosen Marionetten der Gesellschaft zu werden. Auch Vorurteile, aus denen nicht nur Streitigkeiten, sondern selbst ganze Kriege entstehen, bilden sich aus dem Ursprung der fälschlichen Assoziation von der Vergangenheit mit der Gegenwart. Wir treffen auf der Grundlage einer individuellen Erfahrung in der Vergangenheit eine irrtümliche Schlussfolgerung für die Zukunft, die abseits unseres beschränkten »Wissens« sogar im Kontrast zur Realität stehen kann. Die Vergangenheit kann uns nicht nur zu unseren wertvollsten, sondern auch zu unseren schmerzhaftesten Erfahrungen führen und uns dort festhalten. Wir können so tief in Traumata fallen, dass wir fortan unser gesamtes Leben aus dem tiefen Loch der Trauer betrachten und leben. Genauso können uns Zukunftsreisen nicht nur in ein ideales Leben leiten, sondern uns in das angsterfüllte Land unserer Albträume sperren. Definieren wir uns als Opfer unserer Umstände, malen wir die Vorhersagen unserer Zukunft in noch dunkleren Farben und verpassen auch die glänzenden Momente der Gegenwart, weil wir sie bereits mit dem pechschwarzen Ruß einer prognostizierten Zukunft bedecken. Baden wir in einer Quelle aus Hoffnung und Erwartung, nur um unserer Gegenwart zu entfliehen, sinken wir in eine lange Suche nach einer Fiktion, die erst durch das reale Ende unseres Lebens vorübergeht.

So, wie Vergangenheit und Zukunft, hat auch der ausschließliche Aufenthalt in der Gegenwart zwei Seiten. Geben wir uns der Gegenwart hin, fällt jeder Schmerz aus unserer Vergangenheit ab. Wir reinigen uns von den parasitären Kapiteln aus unserer persönlichen Geschichte, die in stillen Momenten bis heute an uns nagen. In der Bewusstheit der Gegenwart nehmen wir die Objekte unserer Aufmerksamkeit in neuen Kleidern wahr. Die Farben leuchten heller, die Luft ist reiner, und der Staub, der sich durch den Stress des Alltags auf unsere Welt gelegt hat, entschwindet und offenbart das

Funkeln der widerstandslosen Einfachheit, die wir erst jetzt erkennen können. Die Hingabe zum gegenwärtigen Moment entfesselt zusätzlich die höchste energetische Wirkung unserer konzentrierten Schöpferkraft. Wir widmen unsere gebündelte Energie dem Gegenstand unserer Aufmerksamkeit und verlassen mit unserem Bewusstsein jeden Raum, der nicht mit dem Objekt unserer Beobachtung verbunden ist.

Allerdings können wir durch die Hingabe auf den Moment auch unseren ganzheitlichen Blick für das ganze Gemälde verlieren, wenn wir uns durch die Konzentration unserer Aufmerksamkeit in einzelnen Konturen verlieren. Die Gegenwart bildet gemeinsam mit unserer Vergangenheit und unserer Zukunft durch das Bewusstsein unser Leben. Beschränken wir unser Leben auf unsere Gegenwart, können wir in schweren Zeiten keine Hoffnung gewinnen. Heilung benötigt den Glauben an die Heilung. Ein starker Glaube bildet Vertrauen, das ein unerschütterlicher Glaube an die Zukunft ist, geschöpft aus der Vergangenheit.

Die Zeit hat uns aus unserer Quelle entführt. Doch nur mit ihr können wir wieder zurück in unsere Quelle finden.

Der Kreislauf der Zeit

Unser Unterbewusstsein erschafft unsere Realität. Dazu empfängt und sendet es mit jedem Augenblick eine kleine Unendlichkeit an Informationen. Indem es unseren Glaubenssätzen folgt, vereinheitlicht und vereinfacht es die Verarbeitung der Vielzahl an Informationen.

Unsere Glaubenssätze sind allerdings Produkte unserer Vergangenheit, deren Verfallsdatum in unserer Gegenwart häufig überschritten ist. Wenn unser Wachbewusstsein die Gültigkeit unserer unterbewussten Glaubenssätze nicht prüft, drohen sie, unsere Realität zu vergiften. Sind unsere Glaubenssätze nicht mehr zeitgemäß und abgelaufen, verderben sie den Geschmack unserer Zukunft. Unser Unterbewusstsein pendelt sich ungeachtet unseres bewussten Willens auf den destruktiven Seiten der Zeit ein und schlägt nur selten zu einer konstruktiven Seite aus. Erst wenn wir uns unserer Quelle bewusst werden und aus dieser Erkenntnis heraus neue Glaubenssätze in unser Unterbewusstsein einführen, entzerren wir unsere Wahrnehmung und sehen unsere Realität in ihrem wahren Glanz. Wir befreien unsere Wahrnehmung von den Fesseln der Vergangenheit und können Möglichkeiten sehen, die wir sonst nie erkannt hätten.

Prüft unser Bewusstsein nicht mehr die Entscheidungsgrundlagen unseres Unterbewusstseins, erschafft es unsere Realität nach einem Programm, in welchem die Zeit im Kreis verläuft. Zuerst erfahren wir etwas in der Gegenwart. Diese Erfahrung erinnert uns an eine schmerzvolle Erfahrung aus unserer Vergangenheit. Weil weder Vergangenheit noch Gegenwart unserer gewünschten Realität entsprechen, bauen wir einen innerlichen Widerstand auf und flüchten unbewusst in den Kreislauf der Zeit. Dieser Kreislauf lässt sich in zwei Arten unterteilen: die Wunschvorstellung einer neuen Erfahrung in der Zukunft oder die Aussichtslosigkeit durch die Inhaftierung in unserem eigenen Gefängnis der Vergangenheit.

Wenn wir uns in unsere Wunschvorstellung flüchten, können wir zum Beispiel während der Arbeit erfahren, dass unser Arbeitgeber unzufrieden mit unserer Arbeit ist oder uns in Zukunft noch mehr Aufgaben erwarten werden. Dann erinnern wir uns an all die anderen Ungerechtigkeiten, die uns in der Vergangenheit auf der Arbeit widerfahren sind. Statt uns für eine Änderung aktiv einzusetzen oder eine neue berufliche Möglichkeit zu suchen, lähmen wir uns durch die Vorstellung, dass sich irgendetwas irgendwie ändern wird, während wir weiterhin dasselbe tun.

Wenn wir uns hingegen in unser Vergangenheits-Gefängnis sperren, gehen wir beispielsweise durch die Stadt und sehen ein liebevolles Pärchen, das uns an unsere Einsamkeit oder unsere konfliktbehaftete Beziehung erinnert. Statt offen auf sympathische Menschen zuzugehen oder unserem Partner mit bedingungsloser Liebe zu begegnen, malen wir uns aus, dass wir einsam bleiben oder wir weiterhin unglücklich an der Seite unseres Partners leben müssten.

Wir bewerten die Gegenwart auf Basis unserer Vergangenheit, bauen einen gegenwärtigen Widerstand auf, leben jedoch weiter aus den alten Vorstellungen und Deutungen, während wir entweder eine neue Zukunft erwarten oder uns schon hoffnungslos der Vergangenheit ergeben haben. Wir wiederholen diesen Vorgang, bis er von unserem Unterbewusstsein ohne die Prüfung unseres Wachbewusstseins umgesetzt und zu unserem »natürlichen« Gleichgewicht wird. Wir alle haben diesen Zustand erreicht, deswegen können wir unsere Gegenwart nur noch durch die Brille der Vergangenheit sehen. Nicht nur Menschen mit schwerwiegenden Traumata oder einer belastenden Kindheit verirren sich im unsichtbaren Gedanken- und Gefühlskreislauf der Zeit. Wir alle tun es regelmäßig. Unsere Vergangenheit wird zu unserer Gegenwart und Zukunft. So werden wir zu Menschen, die sich nicht weiterentwickeln, weil wir uns durch unsere Vergangenheit begrenzen, statt uns von der Gegenwart in eine grenzenlose Zukunft auszudehnen. Wir leben von Erinnerungen für Erwartungen.

Jeder Gedanke und jedes Gefühl kostet uns Energie. Je destruktiver sie sind, desto mehr Energie fordern sie. Dabei ist unser täglicher Energiespeicher begrenzt. Wenn wir uns in den Kreisläufen aus schmerzhafter Vergangenheit oder angsterfüllter Zukunft drehen, investieren wir unsere Energie in eine zerstörerische Fiktion. Dieser unnatürliche Zustand, der uns davon abhält, im gegenwärtigen Moment zu leben und die höchste schöpferische Energie in uns zu nutzen, entsteht durch den Widerstand gegen unsere Realität.

Auf der Grundlage dieser Kreisläufe entstehen Schmerzen wie etwa ein mangelhaftes Selbstbewusstsein. Wir verbinden unseren Wert mit Zielen in der Zukunft, Status und Besitz in der Gegenwart und den Erfolgen und Misserfolgen aus der Vergangenheit. Weil Ziele, Status, Besitz und Erfolg allerdings vergänglich sind, unterliegt unser Selbstwert deswegen einem ständigen Auf und Ab. Erst wenn wir ihn von der Zeit entkoppeln und uns lieben, weil wir *sind*, können wir aus dieser Erkenntnis die Vergangenheit anerkennen und eine Zukunft schöpfen, die wir lieben.

Wenn wir Widerstände entwickeln, haben wir immer zwei Möglichkeiten. Entweder durchleben wir die Widerstände in unserer Vorstellung der Vergangenheit und erschaffen so eine neue Realität mit unseren alten Widerständen, oder wir lösen unsere Widerstände in der Gegenwart auf und erschaffen eine neue Realität ohne unsere Altlasten.

Wenn wir unser Unterbewusstsein mit der Einsicht bereichern, dass eine Ursache der Vergangenheit unveränderbar ist, löst sich jeder Widerstand in unserer Realität augenblicklich auf. Ein Widerstand gegen die Realität entsteht einzig und allein durch unsere Gedanken und Gefühle. Dabei sind Gedanken und Gefühle vergänglich. Sie existieren in der Ewigkeit der Gegenwart nur in ihrer Wirkung. Als Ursache schwinden sie in der Sekunde, in der sie erscheinen. Wenn wir immer wieder dasselbe denken und fühlen, dann sind es weder Gedanken noch Gefühle, die uns verfolgen, sondern neue Gedanken und Gefühle, die wir immer wieder auf der Grundlage der gleichen Glaubenssätze erschaffen. Ersetzen wir den Glauben, dass das Klammern an die Vergangenheit unsere Vergangenheit ursächlich verändern würde, durch den Glauben, dass sie unveränderbar ist, können wir unsere Gedanken und Gefühle loslassen. Mit ihnen verlassen uns auch unsere Widerstände. Dann haben wir die Kraft, um die Wirkung unserer Vergangenheit positiv als Lern- und Wachstumsmöglichkeit zu erkennen und zu nutzen.

Ein Kampf gegen die Schmerzen der Vergangenheit oder die Ängste vor der Zukunft ist unmöglich, weil sie aufgrund ihres zeitlichen Ursprungs, aus dem sie keimen, fiktiv sind. Wenn wir das Licht unseres harmonisierten Bewusstseins auf ihren Schatten werfen, sie akzeptieren und durch die Kenntnis ihres irrealen Ursprungs loslassen, rücken wir sie in die Gegenwart, in der sie nicht überleben können.

Durch die Befreiung von allen Widerständen setzen wir eine so gewaltige Kraft aus unseren einstigen Barrikaden frei, dass unser ganzes Universum in unserem neuen Licht erstrahlt. Wir erkennen, dass wir nicht die vergangene Ursache verändern können, dafür jedoch ihre gegenwärtige Wirkung auf uns. Mit der Akzeptanz der unveränderbaren Vergangenheit endet unser Teufelskreis, und unser göttliches Schöpfertum beginnt. Die Energie unseres positiven Glaubens zieht ununterbrochen weitere Energien in unser Leben, die unserem Glauben entsprechen. Jede neue Möglichkeit dient als Beglaubigung unserer unerschöpflichen Quelle und stärkt unseren Glauben weiter. Mit jedem neuen Tag wird unser Leben reicher.

In der natürlichen Ordnung des Unterbewusstseins entsprechen unsere Vergangenheit, Gegenwart und Zukunft einander. Widersprechen sie sich, findet der natürliche energetische Ausgleich statt, indem unser Unterbewusstsein unsere Vergangenheit, Gegenwart und Zukunft wieder miteinander synchronisiert. Alle drei Zeitebenen werden immer von unserem Unterbewusstsein als Einheit zusammengeführt.

Wenn wir uns in Frieden von unserem letzten Partner getrennt haben, leuchten die Erinnerungen an unsere letzte Beziehung heller, als wenn uns ein Krieg getrennt hat, auch wenn die Beziehung von den gleichen Höhen und Tiefen getragen wurde. Je nach unserer gegenwärtigen Haltung zu einer vergangenen Phase unseres Lebens, erinnern wir uns überwiegend an ihre positiven oder negativen Erlebnisse, weil unser Unterbewusstsein die Vergangenheit mit unserem gegenwärtigen Bewusstseinszustand synchronisiert. Genauso passt unser Unterbewusstsein unsere Zukunft an unsere Gegenwart an. Wenn wir unseren Arbeitsplatz verlieren, können uns Existenzängste auffressen oder wir nutzen die Möglichkeit als Befreiung, um eine(n) neue(n) Beruf(ung) zu finden, der uns noch mehr Möglichkeiten bietet.

Wer sich zu seiner inneren Quelle begibt, wird sich auch seiner inneren Kreisläufe bewusst. Wenn wir erkennen, dass wir in der Vergangenheit denken, können wir zurück in die Gegenwart kehren. Nur im gegenwärtigen Moment können wir nicht nur Schöpfung, sondern auch Schöpfer sein. Wir können uns einer Tätigkeit hingeben, und durch diese ungeteilte Aufmerksamkeit konzentrieren wir unsere Energie, sodass sie ansteigt. Richten wir sie dann gezielt auf einen Punkt, ist ihre Wirkung am höchsten. Erschaffen wir mit dieser Energie starke Vorstellungen mit starken Bedeutungen der Zukunft, wird unser Unterbewusstsein unsere Gegenwart und Zukunft miteinander verbinden.

Kehrst du zu der Quelle in dir zurück, wird deine Energie Möglichkeiten in dein Leben ziehen, die dich überwältigen werden. Du wirst erkennen, dass deine gesamte Vergangenheit dich zu diesen Möglichkeiten geleitet hat.

Diese Erkenntnis schließt die Wunden deiner Vergangenheit. Statt dich ihnen weiter zu widersetzen, nimmst du sie dankend an. Die Heilung beginnt. Jedes Mal wenn du nach einer Reise in die schmerzhafte Vergangenheit zurück in den gegenwärtigen Moment kehrst, schließt du deine Wunden weiter. Du erreichst schließlich einen Bewusstseinszustand, durch den dir das Ereignis, das dir zuvor Energie entzogen hat, Energie schenkt.

Aus der Vergangenheit lernen, in der Gegenwart schöpfen, von der Zukunft leiten

Eine besondere Rolle für die Gestaltung einer neuen Realität besitzt die Zukunft. Träume müssen nicht die Flucht aus der Realität sein, sondern können der direkte Weg dorthin sein. Ob eine Vision Energie kostet oder Energie spendet, entscheidet die zugrunde liegende Bedeutung. Mit Bildern aus gezielten Gedanken und intensiven Gefühlen erzeugen wir eine Energie, auf der die energetische Anziehungskraft unmittelbar reagiert.

Jeder Mensch erzeugt jeden Tag Bilder von seiner Zukunft. Trotzdem schaffen es nur wenige, ihre gewünschte Zukunft zu visualisieren und nicht in ihr zyklisches Leben zurückzufallen, in dem gestern, heute und morgen immer identisch sind. Der Unterschied zwischen Menschen, die ihre Realität erschaffen und jenen, die von ihrer Realität erschaffen werden, liegt in ihren unterschiedlichen Bewusstseinszuständen. Wenn wir uns nur eine Zukunft vorstellen, weil die Gegenwart unbefriedigend ist, dann erzeugen wir durch unsere negativen Energien des Widerstands nur weitere Widerstände, die uns in das Gefängnis aus Vergangenheit und Zukunft sperren. Unsere Realität erschafft sich nicht durch unsere Gedanken, sondern durch unseren Glauben. Deswegen erzeugt positives Denken keine positive Realität, wenn der unterbewusst wirkende Glaube gegensätzlich ist. Eine Vision, die daraus entsteht, dass wir uns der gegenwärtigen Realität widersetzen, erzeugt eine negative Energie, die unser Unterbewusstsein nicht nur an-, sondern einnimmt. Unser Bewusstseinszustand färbt sich dunkel und zieht Ereignisse in unser Leben, die dieselben Farben tragen.

Wenn wir hingegen den Widerstand gegen unsere Realität aufgeben, setzen wir ein extremes Energiepotenzial frei, das wir zuvor aufgestaut haben. Diese Energie können wir nutzen, um aus zuvor schwachen Vorstellungen und Bedeutungen einen durchdringenden Willen zu formen, der sich durch eine Desillusionierung des alten Glaubens und ausreichender Wiederholung zu einem neuen Glauben transformieren kann. Ein so starker Wille, der das Potenzial zur Verwandlung in einen Glauben in sich trägt, nennen wir Vision. Ein Glaube an die Zukunft, der unserem Willen nicht wider-, sondern entspricht. Diese Vision ist mit so hoher Energie geladen, dass sie unser Wachbewusstsein verlassen und so von unserem Unterbewusstsein aufgenommen und umgesetzt wird. Wir »fangen Feuer«. Diese Energie, die einen Tagtraum in eine Vision verwandelt, erzeugen wir durch die Intensität der Gefühle, die wir unseren Vorstellungen beifügen. Die Wiederholung von Affirmationen und Meditationen sind wirkungslos, wenn wir unseren wiederkehrenden Willen nicht mit hochenergetischen Bedeutungen versehen. Erst die Verbindung einer Vorstellung mit ihrer Bedeutung öffnet die Tür in die Unendlichkeit unseres Unterbewusstseins und löst ihren transformativen Effekt aus. Aus positivem Denken wird positives Sein. Aus einem positiven Sein wird ein positives Leben.

Je mehr Kraft wir unseren alten Glaubenssätzen entziehen, desto näher rücken unsere neuen Glaubenssätze in unser Unterbewusstsein, um als neues Programm installiert und ausgeführt zu werden. Mithilfe des bewussten Wechsels zwischen den Zeiten können wir die Tür unseres Unterbewusstseins am weitesten öffnen. Wenn wir uns zuerst in Frieden von unserer Vergangenheit trennen, treten unsere alten Glaubenssätze aus unserem Unterbewusstsein. Wenn wir uns im nächsten Schritt in einer widerstandslosen Gegenwart von den bedeutungsvollen Vorstellungen unserer Zukunft leiten lassen, treten unsere neuen Glaubenssätze in unser Unterbewusstsein ein.

Der *bewusste* Einsatz der Zeit ist somit eine hocheffektive Methode zur Neuordnung unserer gegenwärtigen und zukünftigen Realität. Wir lösen uns von den Schmerzen und Limitierungen unserer Vergangenheit und erschaffen bereits unseren Himmel auf Erden, noch bevor unsere neue innere Energie neue äußere Möglichkeiten angezogen hat. Verbinden wir uns zusätzlich mit den unendlichen Möglichkeiten unserer Zukunft, erschaffen wir unser Paradies auf Erden, weil sich die höchstmögliche Energie unserer Quelle dupliziert und die bestmögliche Realität unserer Zukunft anzieht.

Jeder Schmerz ist eine Wunde der Vergangenheit, die sich nicht schließen wird, bis wir nicht mit der Vergangenheit abschließen. Wir streiten uns mit einem Freund, einem Kollegen oder unseren Eltern wegen etwas, das bereits vergangen ist. Wir trauern unserem Partner hinterher oder einer verschenkten Möglichkeit, die uns bereits verlassen hat. Wir lassen uns immer wieder in das bodenlose Tal der Trauer und Enttäuschung fallen. Dafür benötigen wir keine traumatische Kindheit oder den Verlust eines Angehörigen. Auch eine Nachricht am Morgen oder eine Neuigkeit auf der Arbeit genügt, um uns in das unbewusste Gefängnis der Vergangenheit zu sperren. Dabei verlassen wir die Gegenwart, um das schmerzhafte Ereignis zu analysieren. Wir suchen die Zeugen unserer Unschuld, die Beweise für den Täter, erarbeiten einen inneren oder öffentlichen Prozess und bestimmen die Strafe, um die Folgen für uns als Opfer zu reduzieren. Dabei hat der Tatbestand keine Konsistenz mehr in der Gegenwart. Er existiert nicht mehr. Trotzdem beleben wir ihn mit unseren schmerzhaften Erinnerungen immer wieder und begeben uns in die Vergangenheit, um unseren Glauben zu leben, statt unserem Willen zu folgen.

Doch die Vergangenheit ist für immer vergangen und hat das schmerzhafte Ereignis mit sich genommen. Statt uns gegen sie zu wehren, können wir ihr danken. Die Vergangenheit war niemals unser Feind. Sie ist unser rücksichtsvoller Freund. Uns zuliebe verlässt sie uns in jedem Moment unseres Lebens. Auf ihrem endlosen Weg ohne Rückkehr nimmt sie unsere Schmerzen an ihre Hand, um uns von allem Leid zu befreien. Dadurch schafft sie Platz für neue Erinnerungen, die unser Leben bereichern können.

Auch jede Grenze besteht aus den Mauern der Vergangenheit. Um uns von unseren Grenzen zu verabschieden, müssen wir uns mit einer Umarmung von der Vergangenheit verabschieden. Limitierende Glaubenssätze bergen ein noch größeres zerstörerisches Potenzial als leidvolle Glaubenssätze. Wir beginnen jeden Morgen mit dem Sand von gestern in unseren Augen. Danach kleiden wir uns in das schwarze Kleid von gestern. Das Wetter ist wieder so trist wie gestern. Die Arbeit ist so anstrengend, das Abendessen schmeckt so fade (wie gestern) und auch der gesamte Abend verstreicht so langweilig wie gestern. Jedes Wochenende ähnelt dem letzten Wochenende. Jedes Jahr dem letzten Jahr. Bis kein Jahr mehr folgt und sich unsere Augen für die Wirkung eines Lebens in der Vergangenheit unter Tränen öffnen, bevor sie sich für immer schließen. Wir opfern ein buntes Leben in Unendlichkeit für ein Leben in eintöniger Endlichkeit. Wir verfallen der Illusion, durch das Bekannte Sicherheit zu gewinnen und durch das Befolgen der gesellschaftlichen Norm die Liebe der Gesellschaft zu erlangen.

Doch der Preis für ein Leben in der Vergangenheit ist unser gegenwärtiges Leben. Wir können nicht gleichzeitig in der alten Vergangenheit und für eine neue Zukunft leben. Mit jedem Gedanken und jedem Gefühl dupliziert sich unsere Energie. Wir werden, was wir sind. Sind wir Vergangenheit, werden wir Vergangenheit. Bestehen unsere Glaubenssätze aus »Ich brauche«, »Ich muss«, »Ich darf nicht« und »Ich kann nicht«, dann werden sich immer weitere Grenzen um unser Leben ziehen, bis der Strick so eng wird, dass wir keine Luft mehr bekommen.

Zwischen unserer Vergangenheit, Gegenwart und Zukunft liegen zwei Räume. Der Raum zwischen unserer Vergangenheit und unserer Gegenwart ist so eng, dass sie sich verbinden und unsere Vergangenheit zu unserer Gegenwart wird. Der Raum zwischen unserer Gegenwart und dem einer neuen Zukunft ist hingegen so weit, dass sie unerreichbar voneinander getrennt sind. Wenn wir uns jedoch von der Vergangenheit verabschieden und uns mit einer neuen Zukunft verbinden wollen, müssen wir den Abstand unserer Gegenwart zu den beiden Räumen polarisieren. Wir müssen den Raum zwischen Vergangenheit und Gegenwart weiten, um uns von vergangenem Leid zu lösen, während wir den Raum zwischen Gegenwart und Zukunft verkleinern, sodass sie zu einer untrennbaren Einheit werden.

Unsere äußere Realität ist eine exakte Projektion unserer inneren Realität. Deswegen ist unsere Zukunft eine exakte Duplikation unseres gegenwärtigen Bewusstseinszustands und die Manifestation unserer Träume ein automatisches Randprodukt innerer Erfüllung.

Unsere innere Welt ist ein enger Raum aus der Vergangenheit unseres Glaubens, über den in ungreifbarer Weite der Himmel unserer fantastischsten Träume liegt. Verabschieden wir uns von den Schmerzen der Vergangenheit, während wir uns unter der Leitung unserer Zukunft in unsere Gegenwart verlieben, lösen wir uns von allem Leid und verbinden uns mit dem höchsten Glück unseres Seins. Der Boden unserer Realität und der Himmel unserer größten Wünsche werden eins. Wir werden ein neuer Mensch. Nicht weil wir ein neuer Mensch werden müssen, sondern weil wir ein neuer Mensch sind.

Wenn wir uns bewusst werden, dass die Vergangenheit unseren Widerstand bereits mit sich genommen hat und er nur noch durch uns weiterlebt, trennen wir das Band zwischen uns und unserer Vergangenheit.

Damit trennen wir uns von unseren Schmerzen und Grenzen. Die Schere, um das Band zu durchschneiden, ist der Wille in unserem Wachbewusstsein. Der Schnitt dauert nur einen einzigen Moment. Er tut nicht weh, sondern heilt. Wir schenken unserer Vergangenheit einen Raum und verlassen diesen Raum. Wenn wir wollen, können wir zurückkehren und ihn betreten. Doch wir werden ihn nicht mehr gegen unseren Willen unterbewusst betreten, denn der Raum ist verschlossen, und der Schlüssel befindet sich in unserem Wachbewusstsein. Nach der Trennung von unserer Vergangenheit können wir den Raum unserer Zukunft betreten. In einem weiteren Raum stehen sich Gegenwart und Zukunft gegenüber. Auf der Seite der Zukunft wartet eine Unendlichkeit an Möglichkeiten, die von uns auf der Seite der Gegenwart gewählt werden können. Wenn wir nach unserem bewussten Willen agieren, statt nach unserem unterbewussten Glauben zu reagieren, verbinden wir unsere Zukunft mit unserer Gegenwart. Dann erkennen wir unser Ziel und bilden mit unserem Glauben den Wagen, der uns auf den Rädern unseres Willens zu unserem ausgewählten Ziel trägt.

Wie bereits bei der Polarisierung entscheiden wir auch hier selbst, welche Wirklichkeit wir leben wollen. Lassen wir unser Unterbewusstsein unsere Zukunft auf der Grundlage unserer vergangenen Glaubenssätze bilden oder auf ihrem polarisierten Fundament unseres Willens?

»Ich bin nicht liebenswert, weil ich Fehler habe.«

Nach diesem gegenwärtigen Glauben aus unserer Vergangenheit errichtet unser Unterbewusstsein unsere Zukunft. Wir leiden unter mangelndem Selbstbewusstsein, deswegen distanzieren wir uns von anderen Menschen. Werden wir dennoch mit anderen Menschen konfrontiert, halten wir uns zurück. Sind wir ihnen ausgesetzt, verbergen wir unsere Fehler. Wir richten unsere Energie darauf, uns zu distanzieren, uns zurückzuhalten oder unsere Fehler zu verbergen. In der Wirkung distanzieren sich andere Menschen von uns, halten sich uns gegenüber zurück und verbergen ihre Fehler. Wir haben wenige Freundschaften, und es ist schwierig für uns, neue Freundschaften zu knüpfen. Finden wir einen neuen Freund, wird das Band zwischen uns nicht stark oder es dauert sehr lange, bis es sich festigt, weil keiner dem anderen seine Fehler zeigen und authentisch sein kann.

»Ich bin liebenswert, weil ich keine Fehler habe.«

Nach diesem neuen Glauben aus unserer Gegenwart errichtet unser Unterbewusstsein unsere Zukunft. Wir strotzen vor Selbstbewusstsein, deswegen empfangen wir andere Menschen auf dem roten Teppich unseres Herzens. Wir öffnen uns ihnen und zeigen ihnen jede unserer Seiten. Wir richten unsere Energie darauf, andere Menschen kennenzulernen, uns zu öffnen und wir selbst zu sein. In der Wirkung empfangen andere Menschen auch uns, öffnen sich uns und zeigen uns jede ihrer Seiten. Um uns spannt sich ein breites Netz aus engen Freunden. Wir lernen neue Menschen kennen und knüpfen mit Leichtigkeit neue Freundschaften. Finden wir einen neuen Freund, wird das Band zwischen uns in kürzester Zeit sehr stark, weil wir uns gegenseitig unsere Facetten zeigen und authentisch sein können. Indem wir erkennen, dass wir liebenswert sind und keine Fehler haben, werden wir einen Überfluss der Liebe erfahren und alle Fehler verlieren.

»Ich brauche in meinem Leben mehr, weil ich zu wenig habe.«

Zu jeder Zeit und an jeden Ort begleitet uns das entleerende Gefühl des Mangels. Wir stehen morgens früh auf, doch wir wollen später aufstehen. Wir blicken in unser Spiegelbild, doch wir wünschen uns ein schöneres Spiegelbild. Wir gehen zur Arbeit, doch wir wünschen uns eine bessere Arbeit. Wir verdienen Geld, doch wir wollen mehr Geld. Nach der Arbeit fahren wir in unserem Auto nach Hause, doch wir wollen mit einem neueren Auto zu einem schöneren Haus fahren. Unsere Familie, unsere Freunde und unser Partner schenken uns Liebe, doch wir wollen eine nettere Familie, bessere Freunde, einen begehrenswerteren Partner und mehr Liebe. Wir richten unsere Energie darauf, zu wenig zu haben. Wir werden unglücklich. Waren die Juwelen unserer Kindheit, Jugend oder als junger Erwachsener funkelnder, sperren wir uns in die lieblichen Erinnerungen unserer Vergangenheit. Haben wir noch nie einen Diamanten besessen, flüchten wir uns in die süßen Hoffnungen unserer Zukunft. Wir ketten uns an vergangene Kriegsschauplätze oder klammern uns um die fiktiven Säulen unserer zukünftigen Traumpaläste. Werden wir in die Gegenwart gerissen, fallen unsere Träume auseinander, und wir versinken unter ihrem Schutt. Weil wir unsere Aufmerksamkeit auf unseren Mangel richten, fehlt uns die Energie, um ihn zu transformieren. So wird unser äußeres Leben in Glücklosigkeit, Liebesbedürftigkeit oder Geldnot von unserem inneren Leben in Armut genährt.

»Ich brauche in meinem Leben nicht mehr, weil ich genug habe.«

Zu jeder Zeit und an jeden Ort beflügelt uns das erfüllende Gefühl des Überflusses. Wir stehen morgens früh auf, weil das unendliche Büfett an Möglichkeiten, das uns jeder neue Tag bietet, unseren Appetit weckt. Wir blicken in den Spiegel und sehen die makellose Schönheit in jeder unserer Zellen, denn wir sind eine vollkommene Schöpfung Gottes. Wir gehen zur Arbeit und bedanken uns für die Möglichkeit, unser erfülltes Leben finanzieren zu können. Glücklich verdienen wir unser Gehalt und sparen mit Vorfreude etwas Geld, um mit dem Ersparten den Weg zu unseren eigenen Träumen zu pflastern. Nach der Arbeit fahren wir mit unserem Auto nach Hause und freuen uns, reisen zu können und ein Zuhause zu haben. Jeder freie Augenblick, den wir mit Familie, Freunden oder Eltern verbringen können, erfüllt uns mit Liebe. Wir richten unsere Energie darauf, genug zu haben und von Überfluss umgeben zu sein. Wir sind glücklich. In einem Bad aus den lieblichen Erinnerungen unserer Vergangenheit und den süßen Träumen unserer Zukunft schöpfen wir Energie. Das Bad wärmt unsere Gegenwart, in der wir unsere ungeteilte positive Energie in den Bau unserer Zukunft investieren können, weil unsere Vergangenheit und Gegenwart bereits vollkommen sind.

Indem wir dankbar den Reichtum unseres Lebens erkennen, verlieren wir alle Mängel und gewinnen unerschöpflichen Überfluss.

»Ich darf nicht Ich sein, weil ich alle Erwartungen erfüllen muss.«

Der kalte Bohrer der Erwartungen von uns und unseren Mitmenschen an uns durchstößt unser Lebensglück. Wird der Druck zu hoch, durchbohrt er uns und gräbt tiefe Löcher in unsere Liebe, die sich mit schweren Schmerzen füllen. Unser Leben verliert seine Leichtigkeit, bis sein Gewicht uns erdrückt. Um die Schmerzen zu lindern, versuchen wir, den Erwartungen auf eigene Kosten gerecht zu werden. Doch mit jeder erfüllten Erwartung verlieren wir Authentizität, während sich noch schwierigere Erwartungen entwickeln, durch die wir neuen Druck gewinnen. Je mehr Erwartungen wir erfüllen, desto weniger strahlt das Gemälde unseres Lebens in den bunten Farben unserer Individualität. Stattdessen ist es zu einer Kopie geworden, welche die blassen Farben der Gesellschaft illustriert. Uns zu verstellen kostet uns Energie. Jedes neue Gesicht verlangt eine eigene Mimik, Gestik, Sprache und ein eigenes Verhalten. Jede neue Zeichnung verbraucht mehr Energie und schöpft all unsere Reserven aus, sodass uns nicht mehr genügend Kraft bleibt, um unser eigenes Bild zu malen.

»Ich darf Ich sein, weil ich keine Erwartungen erfüllen muss.«

Welchen Weg wir auch gehen, unsere ganze Welt erstrahlt in den bunten Farben unserer Individualität, weil unsere Sonne hoch über uns scheint. Auch die höchsten Berge erklimmen wir mit Leichtigkeit, weil uns die schweren Ketten der Erwartungen nicht mehr am Boden halten. Fallen die Erwartungen anderer von unseren Füßen, lernen wir zu springen. Fallen unsere eigenen Erwartungen von unseren Flügeln, lernen wir zu fliegen. Aus »entweder-oder« wird »sowohl-als-auch«. Aus »richtig« *oder* »falsch« wird »richtig« *und* »falsch«. Jede Pfütze wird zu einem Ozean. Jeder Tropfen zu einer Quelle. Wir sind aus dem Gefängnis des gesellschaftlichen Zwangs gesprungen und in die tiefe Freiheit der Unendlichkeit getaucht, in der wir niemand mehr sein müssen, doch jeder sein können.

Indem wir erkennen, dass wir keine Erwartungen erfüllen müssen, werden sich uns keine Erwartungen mehr in den Weg stellen.

»Ich kann meine Träume nicht realisieren, weil ich ein Opfer meiner Lebensumstände bin.«

Das mangelnde Vertrauen in uns hält uns vom sanften Himmel unserer leuchtenden Träume fern und kettet uns an den harten Boden unserer finsteren Realität. Unsere Augen tränken sich in Leid. Wohin wir auch sehen, erkennen wir die verschwommenen Konturen von Einseitigkeit und Ungerechtigkeit. Seit unserer Geburt leiden wir unter erschwerten Bedingungen. Unsere Kindheit und Schulzeit haben wir trotz zahlreicher Hürden überstanden. Doch wir sind gefallen und verdecken die Narben unter unserem dünnen Mantel. Das Gewicht unseres Lebens begleitet uns bis heute und wiegt schwerer denn je. Der Job ist schwer, die Freizeit ist eintönig, die Beziehungen sind blass, die Berührungen sind kalt, und das Leben ist hart. Doch wir können nicht aus den Tiefen unseres Tals klettern, weil der Berg, der sich vor uns aufbaut, keine Vorsprünge besitzt. Wir wurden in unser eigenes Loch gestoßen, doch niemand wirft uns ein Rettungsseil zu. Immer tiefer graben wir uns nach unten. Bis wir in das kalte Grundwasser unseres Leids fallen und an den hohen Wellen unserer Schicksalsschläge ertrinken.

»Ich kann meine Träume realisieren, weil ich kein Opfer meiner Lebens-umstände bin.«

Wir glauben an uns. Das Vertrauen in die sprudelnde Quelle unserer Fähigkeiten katapultiert uns durch unser Universum bis zu unseren entferntesten Träumen. Sand fällt von unseren Augen und verwandelt sich in Glanz, der unsere ganze Welt in Vielfalt und Gelegenheiten hüllt. Unsere holprige Vergangenheit entpuppt sich als ein präziser Weg, der uns mit jedem Stein in die Richtung unserer Gegenwart geleitet hat. Nur wir haben unseren Weg gewählt. Und nur wir haben ihn meisterhaft zurückgelegt. Hier und jetzt haben wir einen Felsen erreicht, von dem aus sich unser ganzes Universum um uns erstreckt. Der Berg, der noch vor uns türmt und bis in unseren Himmel ragt, versperrt uns nicht den Weg. Er ist unsere Stütze, die uns bis in die Sterne führt. Jeder »Fehler« unserer Vergangenheit dient uns jetzt in unserer Gegenwart als Werkzeug, um unsere Zukunft zu erklimmen. Die Wand des Berges ist hart, doch dafür hält sie uns fest. Rutschen wir trotzdem ab, kehren wir mit Leichtigkeit wieder zurück nach oben, denn wir können mit unseren Händen in die Kerben greifen, die wir bereits in unseren Berg geschlagen haben. Kein Sturz kann uns noch aufhalten. Wir blicken nicht mehr nach unten. Mit unserem Verstand richten wir unsere Energie auf den Stern, den wir erreichen wollen. Mit unserem Herzen nutzen wir unsere Energie und steigen hinauf.

Indem wir erkennen, dass nur wir unsere Realität erschaffen, können wir jede Realität erschaffen.

»Andere Menschen sind besser als ich.«

Wir betrachten unsere gesamte Umwelt aus der Brille unserer Selbst-zweifel. Die Sonne unseres Universums richtet sich nur noch auf die Planeten der anderen Menschen in unserem Leben. Die anderen sind schöner, klüger und erfolgreicher als wir. Während die warmen Strahlen unserer Sonne die Natur der anderen erblühen lassen, erfrieren wir in ihrem kalten Schatten. Mit jedem Selbsturteil entfernen wir uns ein weiteres Lichtjahr von unserer Sonne und steuern auf ein schwarzes Loch zu, das all unsere Stärken verspeist. Je mehr Schwächen wir an uns finden, desto weniger Energie bleibt uns, um uns von der Anziehungskraft des schwarzen Lochs zu befreien. Bis wir schließlich so tief in das endlose Loch sinken, dass wir unsere Sonne nicht mehr sehen können und sie vergessen.

»Andere Menschen sind nicht besser als ich.«

Statt einen Krieg gegen unsere Schwächen zu führen, schwenken wir die weiße Fahne unserer Liebe und vergeben uns selbst. Nachdem wir uns mit unseren Schwächen angefreundet haben, bauen sie Vertrauen zu uns auf und offenbaren ihr wahres Wesen. Jede unserer Schwächen besitzt eine Stärke. Mit dieser Erkenntnis reichen wir ihnen unsere Hand und begleiten sie über den Treibsand unserer Selbstzweifel zu dem Schloss unserer Vollkommenheit, wo wir ewigen Frieden mit ihnen schließen. Mit der Akzeptanz fallen die Mauern, die wir zu unseren Mitmenschen errichtet haben. Plötzlich existieren keine Grenzen mehr zwischen uns und dem Rest unseres Universums. Wir sehen, dass wir mit allem verbunden sind. Wir sehen uns als Teil von allem. Wir sehen alles als Teil von uns.

Indem wir erkennen, dass wir vollkommen sind, erfahren wir jeden Menschen als einen vollkommen Stern in unserer Unendlichkeit.

»Andere Menschen sind schlechter als ich.«

Wir entfernen uns von der unparteiischen Mitte unserer göttlichen Quelle und schlagen uns auf die Seite des allwissenden Richters, der über jede Wirkung urteilen kann, ohne jede Ursache kennen zu müssen. Kleiden wir uns in unsere richterliche Robe und betreten den Saal der privaten Justiz, verwandelt sich unser Glaube in Wissen. Wir entscheiden, wer dick, dumm, arrogant, komisch, egoistisch oder unsympathisch ist. Wenn Logik und Rationalität als Beweise nicht überzeugen, entkräften unser Bauchgefühl, Intuition oder unsere Erfahrung auch das dichteste Alibi jedes Täters. Als Zeuge dient uns die Meinung der Gesellschaft. Die Vorlage unserer Entscheidungen bilden wir, denn wir sind das Leitbild für alles Gute. Unsere Tätigkeit als Richter wird in unserem Freundes- und Bekanntenkreis allgemein anerkannt und unterstützt, denn auch sie schwingen gemeinsam mit uns nebenberuflich den Hammer der Gerechtigkeit. Zuletzt hat schließlich die Geschichte bewiesen, dass die Meinung der Masse das unfehlbare Wort des objektiven Rechts spricht.

»Andere Menschen sind nicht schlechter als ich.«

Wir treten von unserer Tätigkeit als parteiischer Richter zurück. Finden wir uns doch einmal in einem fremden Gerichtssaal wieder, bewegen wir uns auf die Seite der Verteidigung und versuchen, die Köpfe der Anwälte mit Akzeptanz und ihre Herzen mit Liebe zu füllen, denn diese Eigenschaften bilden das Fenster, aus dem wir unseren friedlichen Blick auf die schuldlose Welt genießen. Mit jedem Freispruch begnadigen wir nicht nur die Angeklagten, sondern auch jeden Richter, denn die negative Energie eines Schuldspruchs, entfaltet ihre höchste Wirkung in seiner Ursache. Statt der Taten des Teufels, sehen wir die verirrten Kinder Gottes, die wir nicht leiten, doch denen wir einen alternativen Weg zeigen können, um sie von ihrem eigenen Leid zu befreien. Jede Heilung ist ein Akt der Liebe. Je mehr wir uns heilen und lieben, desto mehr können sich auch unsere Mitmenschen heilen und lieben lernen.

Indem wir erkennen, dass niemand Schuld trägt, werden wir frei.

Liebe —
das Wasser
deiner Quelle

»Wo finde ich Liebe?«

»Du kannst Liebe nicht finden. Liebe ist nicht
an einem Ort oder zu einer Zeit. Liebe ist.«

»Aber sie ist so wenig in meinem Leben.«

»Bist du dir sicher?«

»Ja. Wenn ich in meine Vergangenheit sehe,
dann sehe ich Schmerzen. Wenn ich in meine
Gegenwart sehe, dann sehe ich Zweifel. Wenn ich
in meine Zukunft sehe, dann sehe ich Angst.«

»Wenn ich in deine Vergangenheit sehe, dann sehe
ich nichts als Liebe. Die Liebe, die dich in deine
Gegenwart geleitet hat. Wenn ich in deine Gegenwart
sehe, dann sehe ich nichts als Liebe. Die Liebe, die
dich zu deiner Zukunft führen wird. Und wenn ich
in deine Zukunft sehe, dann sehe ich nichts als Liebe.
Die Liebe, die dich in deine Ewigkeit führen wird.

Von Kopf bis Fuß.

Durch deine Augen bis in dein Herz.

Wohin ich auch sehe, ich sehe in dir nichts als Liebe.«

»Ich danke dir.«

»Wofür dankst du mir?«

»Für alles, was du mir gezeigt hast.«

»Danke nicht mir, danke dir. Ich konnte dir
nichts zeigen, was nicht bereits in dir lag.«

»Jetzt fühle ich mich mit allem verbunden.«

»Ja, denn du hast dich mit deiner Quelle verbunden.«

»Wie oft hasste ich mein Leben. Ich
glaube, jetzt kann ich es lieben.««

»Ja, denn du hast gelernt, dich zu lieben.«

»So oft fühlte ich mich von meinem Leben getrennt.
Ich glaube, jetzt fühle ich mich mit ihm verbunden.«

»Ja, denn du hast dich mit dir verbunden.«

»Ich glaube, ich liebe das Universum.«

»Und ich glaube, das Universum liebt dich.«

In jeder Information dieses Buches ist ein Schlüssel enthalten, um einen Raum des Schmerzes zu schließen und einen unendlichen Raum des Glücks zu öffnen.

Die letzten Seiten sind der Generalschlüssel, mit dem wir jedes Schloss in jedem Universum öffnen können. Er öffnet nicht nur die Tür zu unserem eigenen Herzen, sondern sprengt auch das größte Schloss zu jedem anderen Herz. Liebe.

Keine Antwort dieser Welt wird häufiger genannt und seltener verstanden. Die Liebe ist die Essenz jeden bewussten Willens, der gegen Armeen gegensätzlicher Glaubenssätze in einen unfreiwilligen Krieg ziehen muss.

Dass Liebe die Antwort auf jede Frage ist, wir geboren werden, um zu lieben und Liebe alles ist, was wir brauchen, predigt nicht nur die Musikindustrie. Ob Medium, universale Macht oder Guru. Ob Gott, Jahwe oder Mohammed. Alle nennen die Liebe als die ewige Quelle allen Seins. Sie ist die Essenz in allem, aus der alles hervorgeht und in der alles endet.

Den Zugriff auf unsere eigene Liebe verwehren wir uns durch den Glauben an eine Illusion. Die emotionale Sucht, die wir als Liebe bezeichnen, bildet mit der Abhängigkeit von Bedeutsamkeit und der Angst vor der Einsamkeit den Gegenpol wahrer Liebe. Wir versehen den Raum zu unserer Liebe mit Bedingungen und füllen ihn mit Erwartungen.

Selten gewähren wir anderen den Zutritt zu diesem Raum, weil wir auch uns selbst durch mangelnde Selbstliebe von dem Zentrum unserer Quelle ausschließen. Eine Partnerschaft, erbaut auf dem Fundament wahrer Liebe, ist ohne die Liebe zu sich selbst unmöglich, denn unser eigener Mangel an Liebe wird sich auch auf unsere Beziehung projizieren. Liebe und Selbstliebe sind kein »Entweder-oder«, sondern nach der Desillusionierung ihrer Dualität ein notwendiges »Sowohl-als-auch«.

Es existieren keine unterschiedlichen Formen von Liebe. Die bedingungslose Liebe ist wie der weiße Schimmel, die runde Kugel oder die zwei Zwillinge. Verschiedene Wörter, die einander entsprechen. Liebe ist immer bedingungslos. Ansonsten ist es keine Liebe, sondern eine unter einer leeren Worthülse getarnte Zweckgemeinschaft aus abhängigen Individuen. Auch die Liebe zu unserer Familie, unseren Freunden, unserem Partner oder unserem Kind unterscheidet sich nicht. Tut sie es doch, kann es keine Liebe sein. Erst wenn wir nicht nur unseren Nächsten, sondern auch unseren Entferntesten lieben, lieben wir wahrhaftig.

Liebe ist nicht nur ein Gefühl. Liebe ist ein Bewusstseinszustand und damit ein Seins-Zustand. Sie ist nicht das, was wir tun, sondern das, was wir sind. Deswegen kann wahre Liebe nur durch die Selbsterkenntnis der Quelle entstehen, während wir uns entfalten. Immer in uns, niemals in irgendeiner Abhängigkeit von einer äußeren Erfahrung oder einem fremden Menschen.

Liebe umfasst so viel mehr als nur die Beziehung zu Partner, Kind, besten Freunden oder unserer Familie. Wahre Liebe kennt keine Grenzen. Regeln, Erwartungen und Bedingungen sind die Grenzen ihrer Illusion aus Abhängigkeit. Liebe ist eine Unendlichkeit ohne Anfang und Ende.

Liebevoll zu sein, bedeutet, offen zu reagieren und frei zu agieren. Es existiert nichts anderes und niemand anderer mehr. Jede unserer Vorstellung und Bedeutungen, aus denen unsere Realität entsteht, enthält einen projizierten Anteil unseres Selbst. Deswegen reicht es, uns zu lieben, um den ganzen Kosmos zu lieben. Wenn wir erkennen, dass wir ein Teil von allem anderen sind, wird alles andere ein Teil von uns. Unser Unterbewusstsein unterscheidet nicht zwischen innen und außen. Füllen wir uns mit Liebe, füllen wir alles mit Liebe.

»Ich liebe mich« und **»Ich liebe dich«** sind die mächtigsten Affirmationen des Universums.

Die Definition von Liebe ist wie die Vorstellung von Energie undurchsichtig. Doch so, wie wir mit der Beschreibung von »Ursache und Wirkung« die Konturen der Energie klarer erkennen können, so können wir mit der Vorstellung und Bedeutung der »Verbundenheit« das wahre Wesen der Liebe enthüllen.

Verbundenheit ist Unendlichkeit. Sie ist der Zustand der Erleuchtung, in dem alles beginnt, alles endet und alles in Ewigkeit ist. In der Verbundenheit existieren keine Ursachen und Wirkungen mehr, weder innen noch außen, keine Gegensätze und keine Zeit. Nur noch Einheit. Wenn wir in vollem Bewusstsein unserer allgegenwärtigen Verbundenheit leben, tauchen wir in eine neue Dimension, in der nichts außer Liebe herrscht.

Doch wir leben die Illusion, dass wir von allem anderen getrennt seien. Erst wenn wir hinter den Vorhang blicken, offenbart sich uns die mächtigste Erkenntnis unseres Lebens. Wir waren noch nie von irgendetwas oder irgendjemandem getrennt. Stattdessen sind wir mit allem und jedem untrennbar verbunden. Die Realität unserer Träume existiert bereits, wenn sie in unserer Vorstellungskraft lebt. Sie ist eine Möglichkeit unserer Zukunft, die wir durch unsere Gegenwart manifestieren können.

Kraft unseres Bewusstseins sind wir mit allen Möglichkeiten des Universums verbunden und können sie durch unseren Glauben manifestieren. Zwar existieren ebenfalls Möglichkeiten, die wir gegenwärtig haben oder noch nicht haben und Fähigkeiten, die wir können oder noch nicht können. Doch wir sind nicht von ihnen getrennt. Unsere Gegenwart ist immer mit den unendlichen Möglichkeiten unserer Zukunft verbunden.

Genauso sind wir mit allen Menschen, allen Tieren und der Natur verbunden. Als Individuen sind wir wie die Zelle eines Körpers. Jede Zelle erfüllt eine wichtige Funktion des Körpers. Jede Zelle ist wertvoll, und erst die Gemeinsamkeit aller Zellen bildet das Wunder eines Körpers. Nur wenn alle Zellen gesund sind, ist der Körper gesund. Wird eine Zelle krank, wird sie von den anderen Zellen geheilt, wenn alle Zellen in Liebe miteinander verbunden sind.

In einer Welt frei von der Illusion der Trennung existieren keine Vorurteile, keine Konflikte, kein Neid, kein Unmut und kein Misstrauen. Statt Leid ist Liebe. Jede Energie bewegt sich in die Richtung des höchsten Wohles aller. Liebe ist das natürliche Gleichgewicht von allem, zu dem kein Gegenpol mehr existiert.

Jede Trennung des Natürlichen, die uns schmerzt, uns begrenzt und uns entmachtet, ist eine unnatürliche Illusion. Ein Traum, den wir träumen, während wir leben. Ein Traum, der sich real anfühlen kann, dennoch irreal bleibt. Um ihn zu beenden, genügt es, aufzuwachen.

Jedes Haus von Heilung, Lösung oder Antwort steht auf den Säulen der Verbindung. Die Ursache mit der Wirkung, die Gedanken und Gefühle der Innenwelt mit der Manifestation der Außenwelt, eine negative Seite mit ihrer positiven Gegenseite, die schöpferische Gegenwart mit der leitenden Zukunft und das prüfende Wachbewusstsein mit dem ausführendem Unterbewusstsein.

Schaffen wir es, uns von jeder unnatürlichen Verbindung des Leids zu trennen und alle natürlichen Verbunden wiederherzustellen, lösen sich alle Teile auf und unser Leben wird ein einzigartiger Ausdruck der vollkommen Einheit.

Erlangst du die Erkenntnis der vollständigen Verbundenheit mit deiner Umwelt, ist die Reise zu deiner Quelle beendet. Du wirst weder dir noch jemand anderem jemals wieder schaden, denn alles bildet eine Einheit. Was auch immer dein Blick trifft, du siehst es nie wieder als getrenntes Etwas, sondern als verbundenes Ganzes. Auch dein Wille und dein Glaube sind eins und leiten dich zu jeder Möglichkeit, zu der du dich bewegen willst, denn du führst ein Leben in vollkommener Freiheit. Alle Wege aus der Leere in die Unendlichkeit führen über den sanften Boden der Liebe. Wer sie betritt, darf nicht rennen. Nur wer ohne Anstrengung geht, kann lieben und dem Weg in die Unendlichkeit folgen. Hast du dich von allen Illusionen befreit, ist Liebe das Einzige, was bleibt. Du lebst ein Leben aus Liebe. Die einzige Energie, die dich bewegt und aus der du alles bewegst. Die stärkste Energie des Universums. Du hast sie nie verloren. Du musst nur deine Verbindung zu ihr wiedererkennen.

Wenn du dieses Buch bis zum Ende gelesen hast, bist du bereits auf dem Weg zu deiner Quelle. Deine Augen beginnen, sich zu öffnen. Mit jeder Affirmation und jeder Meditation erkennst du mehr.

Bis du den ganzen Kosmos sehen kannst und nie wieder deine Augen schließt, weil dein Leben besser ist als jeder Traum.

Dein Anfang

»Deine Suche endet hier. Du kannst jetzt zurück.«

»Ich will mich nicht von dir trennen.«

»Du kannst dich nicht von mir trennen.«

»Was wird passieren?«

»Woran du auch glaubst.«

»Woran kann ich glauben?«

»Was immer du willst.«

»Wohin soll ich gehen?«

»Lasse dich von deinem Willen leiten.«

»Werde ich an deiner Existenz zweifeln?«

»Vielleicht. Doch du kannst zu jeder Zeit
und an jedem Ort zu mir zurückkehren.
Ich werde immer auf dich warten, denn
du weißt jetzt, wo du mich findest.«

»Ja. In mir.«

Die Theorie kann eine Unendlichkeit an Wissen lesen und lehren, und doch wird sie niemals die Unendlichkeit leben. Die Praxis hingegen muss nur ein Buch aus leeren Blättern lesen, um alles Wissen der Unendlichkeit zu leben. Nur wer Theorie und Praxis verbindet, kann auch in Verbundenheit leben. Mit diesem Buch endet die Theorie.

Wir leben nicht, um etwas über das Leben zu schreiben, zu lesen, zu sprechen oder zu hören, sondern um zu leben. In der Menschheitsgeschichte wurden Millionen von Büchern verfasst. Kein Buch war weniger wahr als ein anderes. Trotzdem wird kein Buch jemals unsere finanziellen Mängel beseitigen, unsere Ängste besiegen, unsere Beziehungen zum Blühen bringen oder unser Leben erfüllen. Auch das wertvollste Wissen wird ohne die praktische Anwendung zu einer blassen Erinnerung, die von den Illusionen unseres Lebens übermalt wird. In der Zukunft und der Vergangenheit existiert nur die Unkenntnis. Eine Erkenntnis hingegen muss leben, und leben kann nur, was in der Ewigkeit der Gegenwart existiert. Anwendung ist die Vergegenwärtigung des Wissens, um es leben zu können. Nur sie kann der Form des Wissens ihren Atem einhauchen und es so zum lebendigen Körper erwecken.

Wie wir den Spagat zwischen Theorie und Praxis, von der Ausbildung zur Meisterschaft schaffen, lernen wir bereits von Kleinkind auf.

Wie haben wir Lesen und Schreiben gelernt? Schwimmen und Fahrradfahren? Zuerst das Einmaleins, dann den Dreisatz? Das Kochen, Tanzen, Autofahren? Der Lernprozess all unserer Fertigkeiten teilt eine Gemeinsamkeit. – Die **Wiederholung**. Jede Fähigkeit lebt dadurch, dass wir sie wiederholt anwenden und daraus folgend ausbauen. Sie ist das einzige Mittel zum Zweck, um unseren neuen Vorstellungen und Bedeutungen ausreichend Energie zu verleihen, um eine Erkenntnis in unserem Wachbewusstsein zu einem Glauben in unserem Unterbewusstsein zu transzendieren.

Unser Gehirn verarbeitet neue Informationen, indem es sie mit alten Informationen assoziiert. Zusammenhängende Informationen, wie die Buchstaben unserer Sprache, werden verknüpft und ergeben das Wissen des Alphabets, durch das wir Wörter lesen, schreiben und sprechen können. Wissen ist nicht nur ein imaginäres Gebilde unserer Vorstellungskraft, sondern existiert auch biologisch in unserem Gehirn. Alle Informationen aktivieren Neuronen. Werden zusammenhängende Informationen benötigt, wie die verschiedenen Buchstaben eines Wortes oder die verschiedenen Worte eines Satzes, werden die entsprechenden Neuronen gemeinsam aktiviert. Diese verknüpfen sich und bilden ein neuronales Netzwerk. Jegliches Wissen, wie das Alphabet, wie wir unsere Schuhe zubinden oder rückwärts einparken, existiert also auch biologisch in uns.

Je unbekannter unser neues Wissen ist, desto schwieriger fällt uns der Lernprozess. Es kann sich nur mit wenigen Informationen verbinden. Statt an ein bestehendes neuronales Netzwerk anzudocken, muss ein neues Netzwerk gebildet werden.

Der Erwerb eines Motorrad-Führerscheins ist mit dem Besitz eines PKW-Führerscheins wesentlich einfacher, weil wir das Fahrverhalten im Straßenverkehr bereits durch das Autofahren erlernt haben. Die neuen Informationen können mit den vorhandenen Informationen assoziiert werden und knüpfen an bestehende neuronale Netzwerke an. Das Wissen über Themen wie »Wer bin ich?«, »Was ist Realität?« oder »Wie entsteht Realität?« bilden in der Welt unseres Gehirns ganze Länder voll neuronaler Großstadtnetzwerke. Wenn wir durch ein Buch, ein Gespräch, ein Video oder einen Vortrag zum ersten Mal hören, dass alles, woran wir geglaubt haben, nicht nur anders, sondern dem Gegenteil unseres Glaubens entspricht, dann bauen diese Informationen am äußersten Rand eines neuronalen Kontinents einen porösen Schuppen. Wiederholen sich diese Informationen, beginnt der Ausbau des Schuppens zu einem Haus. Aus dem Haus wird eine Nachbarschaft, die zu einer Kleinstadt heranwächst, bis sie so viel Platz eines Landes einnimmt, dass sie auf die veralteten Städte trifft.

Die Intention dieses Buches ist es, mithilfe der universalen Sprache von Kopf und Herz neue Informationshäuser zu bauen, sodass sie neue Netzwerke bilden, die groß genug werden, um mit unserer alten Realität zu kollidieren, bis diese schließlich kollabiert.

Unsere alte Geschichte trifft auf eine neue Geschichte. Gute Geschichten haben einen roten Faden. Sie verlaufen nach einem stringenten Handlungsstrang. Wenn wir neues Wissen nicht durch regelmäßige Anwendung wiederholen, sondern parallel an der gegensätzlichen Geschichte unserer alten Realität weiterschreiben, wird unser Leben zu einer schlechten Geschichte. Höhen und Tiefen wechseln sich zyklisch ab. Die dramatischen Wendungen werden zu ermüdender Routine, und der Protagonist entwickelt sich nicht. Schließlich endet das Buch ohne ein Happy End. Nicht nur der Leser bereut den Kauf, sondern auch der Autor stellt sich die Frage, auf welcher Buchseite er sich für den »falschen« Handlungsstrang entschieden hat.

Wir können uns von der Zukunft inspirieren lassen, doch wir können den Anfang unserer neuen Geschichte nicht morgen schreiben, weil kein Morgen existiert. Die einzige Wirklichkeit ist jetzt.

Eine neue Realität bedarf einer neuen Sprache. Es reicht nicht, sich die grammatikalischen Regeln anzueignen, die Vokabeln zu lernen und einmal in der Woche einige Sätze zu sprechen. Um die Sprache einer neuen Realität fließend zu beherrschen, müssen wir sie jeden Tag wiederholen. Tun wir dies nicht, werden wir sie wieder vergessen. Affirmationen und Meditationen sind nutzlos, wenn wir sie nur gelegentlich verwenden. Im Gegensatz dazu besitzen sie die höchste transformative Kraft im Reich der Selbsthilfe, wenn sie regelmäßig genutzt werden. Sie sind keine Behandlungsmethode oder Kur, sondern eine Art zu leben, die zu einem wahrhaftig reichen Leben führt. Um unsere Realität aus der Leere in unsere Unendlichkeit zu bewegen, können wir Affirmationen immer nutzen, wenn ein negatives Gefühl in uns aufsteigt. Sie sollten so lange wiederholt werden, bis das negative Gefühl schwächer wird und schließlich weicht. Genauso sollte die Kunst der Meditation so wie das An- und Ausziehen der Kleidung zu einer Morgen- und Abendroutine werden. Auch biologisch entsteht mit jeder Wiederholung von Affirmationen und Meditationen eine neue Zukunft in unserem Gehirn, während das neuronale Netzwerk unserer gegenwärtigen Vergangenheit immer mehr Verbindungen verliert und schwächer wird. Unser Wille bewegt sich als neuer Glaube durch stetige Wiederholung schrittweise in unser Unterbewusstsein und wird dort schließlich ohne Hinterfragung als neue Gewohnheit bis zu seiner materiellen Manifestation ausgeführt.

Ein neues Leben fordert einen neuen Lebensstil. Affirmiere und meditiere dir Flügel. Bist du im Himmel angekommen, höre nicht auf. Affirmiere und meditiere weiter. Der Himmel ist nur eine weitere Grenze. Fliege immer weiter aus deiner Leere. Bis in deine Unendlichkeit.

Glaube nie wieder daran, dass du
nicht Du sein darfst,
jemand sein musst,
mehr brauchst
und etwas nicht kannst.

Erinnere dich stets daran, dass du
immer Du sein darfst,
niemand sein musst,
alles hast
und alles kannst.

Wenn du dein Leben verändern möchtest, musst du verändern, wie du dein Leben gestaltest. Übernimm die Verantwortung für dich, und ermächtige dich so selbst. Und gehe in die Selbstermächtigung. Verlasse dein altes Ich, und lebe dein Neues Ich.

Meditiere jeden Morgen und Abend, und affirmiere über den Tag verteilt immer dann, wenn ein destruktiver Glaube zu wirken beginnt. Negative Gefühle dienen dir als Signal. Synchronisiere deinen wahren Willen in deinem Wachbewusstsein mit deinem Glauben in deinem Unterbewusstsein. Wiederhole die

Synchronisation immer wieder, bis beide Seiten deines Bewusstseins miteinander harmonisieren. Dein Wille mit deinem Glauben. Deine Realität mit deinen Träumen.

Dann wirst zum Meister der Manifestation.
Zum Schöpfer deines Lebens.
Zur Quelle deiner Unendlichkeit.

»Sieh dich an,
und sieh in dich hinein.
Du bist ein Sternwanderer.
Du bist zu Planeten geflogen
und in schwarze Löcher gefallen.
Du hast mit den Sternen getanzt
und gegen Kometen gekämpft.
Dir fielen die Sonnenstrahlen in dein Gesicht
und der Mond auf deinen Kopf.
Du bist weit gereist.
Sieh, was du erreicht hast,
und sieh, was du noch erreichen wirst.
Trenne dich von allem Leid,
und verbinde dich mit allem Glück.
Lass die Welt voller Grenzen hinter dir,
und tritt ein in die Welt voller Möglichkeiten vor dir.
Glaube nie wieder, dass du nicht alles erreichen kannst,
und erinnere dich immer, dass du alles erreichen wirst.
Liebe das Universum, denn das Universum liebt dich.
Du stehst am Ende deiner Vergangenheit
und vor dem Anfang deiner Zukunft.
Du bist jetzt bereit.
Das Ende einer Suche.
Der Anfang eines Lebens.
Aus der Leere in deine Unendlichkeit.«

Affirmationen & Selbstreflexionen

Dein Ego – die Illusion deiner Realität
»Ich bin mehr als mein Ego.«

Die Vorstellungskraft
»Alles, was ich mir vorstellen kann, kann auch real werden.«

Die Bedeutung
»Ich kann jederzeit jeder Vorstellung eine neue Bedeutung geben.«

Der Glaube
»Mein Glaube wird Wirklichkeit.«

Die Macht der Selbstreflexion
»Erschaffe ich meine alte Vergangenheit oder eine neue Zukunft?
Sind mein Glaube und mein Wille im Einklang?«

Die Macht der affirmativen Meditation
»In mir liegt die höchste Kraft des Universums.«

Das ambivalente Potenzial des positiven Denkens
»Aus meinen positiven Gedanken entsteht ein positives Leben.«

Der unsichtbare Ausdruck der Unendlichkeit
»Welche Wirkung soll mein Leben haben?
Meine Gedanken und Gefühle erschaffen meine Energie.
Meine Energie erschafft mein Leben.«

Energetischer Ausgleich
»Ich entscheide, wie ich mich fühle.
Meine Erfüllung liegt in mir.
Mein Glaube erschafft mein energetisches Gleichgewicht.«

Energetische Wechselwirkungen
»Ich bin mit allen Möglichkeiten im Universum verbunden.
Ändere ich die Bedeutung einer Vorstellung, ändere ich ihre Energie.«

Energetische Konzentration
»Mein Leben manifestiert sich in die Richtung, in die ich meine Aufmerksamkeit lenke.«

Energetische Duplikation
»Ich ziehe alles an, woran ich glaube.«

Energetische Projektion
»Meine Realität ist eine Projektion meiner Glaubenssätze.«

Energetische Projektion – Streit
»Will ich lieber recht haben oder frei sein?
Du hast recht.
Ich vergebe dir.
Ich verstehe dich.
Ich übernehme die Verantwortung.«

Neutralisation
»Jeder Schatten ist eine Erinnerung an mein Licht.
Gegensätze sind erst zusammen vollständig.«

Zentrierung
»Nichts kann gegen mich wirken. Alles geschieht für mich.«

Polarisierung
»Ich sehe in allem das Gute.«

Aus der Vergangenheit lernen, in der Gegenwart schöpfen, von der Zukunft leiten
»Mit der Vergangenheit vergehen auch meine Schmerzen.
Ich lerne aus meiner Vergangenheit, lasse mich von meiner Zukunft leiten und schöpfe aus der Gegenwart.«

Liebe – das Wasser deiner Quelle
»Ich liebe mich.
Ich liebe dich.«

Affirmative Meditation

Mach es dir bequem, und schließe deine Augen.

Ich bin der Schöpfer meiner Realität. Meine Realität ist meine Schöpfung. In mir liegt eine sprudelnde Quelle. Sie ist mit der unendlichen Quelle der Ewigkeit verbunden, in der jede Zukunft, die ich mir wünsche, bereits existiert.

Alles, was ich mir wünsche, wartet in mir.

Ich verbinde mich mit meiner Quelle. Ich verbinde meine Gegenwart mit meiner Zukunft.

Ich atme tief ein und tief aus. Ich fülle meinen Körper mit meinem Atem. Ich nehme die Luft auf und lasse sie wieder los. Mit meinem nächsten Atemzug fließe ich durch meine Nase in meinen Kopf hinein. Ich befinde mich nun in dem Raum zwischen meinen Schläfen. Ich spüre die Energie in dem Raum meines Kopfes. Zusammen mit meinem Atem begebe ich mich durch meinen Hals in den Raum meiner Brust. Ich spüre, wie mein Atem meine Brust mit Energie füllt. In meiner linken Brust fühle ich mein Herz. Ich begebe mich in den Raum meines Herzens. Ich spüre, wie mein Herz den gesamten Raum meines Körpers mit Energie füllt. Ich folge dem Fluss der Energie und fließe hinunter in meinen Bauch. Ich spüre die wärmende Energie, die meinen Bauch füllt. Von dem Raum in meinem Bauch sinke ich weiter nach unten. Ich spüre, wie sich die Energie durch den Raum meiner Hüfte bewegt. Mit ihr fließe ich weiter hinunter über meine Oberschenkel in meine Knie, durch meine Unterschenkel, bis in meine Füße. Ich befinde mich jetzt in dem Raum meiner Füße und kann die Energie bis in meine Zehen fühlen. Mit jedem Atemzug zirkuliert die Energie durch meinen gesamten Körper. Jetzt fließe ich gemeinsam mit der Energie in dem Raum meines Körpers zurück nach oben. Ich steige von meinen Füßen durch meine Unterschenkel in die Knie und durch meine Oberschenkel. Über meine Hüfte hoch in meinen Bauch und in meine Brust. Dann begebe ich mich von dem Raum meiner Brust hoch in meinen Hals, bis ich mich schließlich wieder in dem Raum meines Kopfes befinde. Mit dem nächsten Atemzug verlasse ich durch meine Nase den Raum meines Kopfes.

Ich befinde mich jetzt in dem Raum um meinen Körper. Ich spüre die Energie, die den Raum, der mich umgibt, füllt. Mit dem nächsten Atemzug verlasse ich den Raum, der mich umgibt.

Ich befinde mich jetzt in dem Raum der Erde. Ich spüre die Energie, die den Raum füllt, der zwischen dem Boden und dem Himmel liegt. Mit dem nächsten Atemzug verlasse ich den Raum, der zwischen dem Boden und dem Himmel liegt.

Ich befinde mich jetzt in dem Raum des Universums. Ich spüre die Energie, die den Raum des Universums füllt. Gemeinsam mit der Energie fließe ich immer weiter in das Universum hinein. Mit dem nächsten Atemzug, verbinde ich mich mit dem Universum.

Jetzt bin ich eins mit der Unendlichkeit. Eins mit allem. Die Quelle in mir ist mit der unendlichen Quelle der Ewigkeit verbunden. In der Liebe der unendlichen Quelle fließt sie in ihrer Ewigkeit durch mich hindurch. Sie füllt mich mit ihrer Energie, die das gesamte Universum erschafft.

Jetzt ist der Zeitpunkt gekommen, um mich von meiner Vergangenheit zu trennen und mich mit meiner Zukunft zu verbinden.

Ich spüre die Energie, die meine Gegenwart mit meiner Vergangenheit verbindet. Ich erschaffe einen hellen Raum der Vergangenheit für den Menschen, der ich war.

Ich sammle alle schmerzhaften Gedanken und Gefühle meiner Vergangenheit und lege sie in jenen Raum. Jetzt ist der Raum mit allen Gedanken und Gefühlen gefüllt, die mich in meiner Vergangenheit festgehalten haben. Der Mensch, der ich war, befindet sich in der Mitte des Raumes. Ich sehe ihn an, und er sieht mich an. Er sieht traurig aus. Ein letztes Mal begebe ich mich zu dem Menschen, der ich war und umarme ihn. Dann lege ich seinen Kopf an mein Herz und küsse seine Stirn. Die negative Energie verlässt ihn und löst sich in der Leere des Raums auf. Er dankt mir. Dann lässt er mich mit einem friedvollen Lächeln los.

Mit dem nächsten Atemzug, verlasse ich den Raum meiner Vergangenheit.

Jetzt spüre ich die Energie, die meine Gegenwart von meiner Zukunft trennt. Ich begebe mich in den hellen Raum, der mich von dem Menschen trennt, der ich sein will. Ich sammle alle Gedanken und Gefühle für meine Zukunft und lege sie in den Raum. Jetzt ist der Raum mit allen Gedanken und Gefühlen gefüllt, die mich in meine Zukunft leiten. Der Mensch, der ich sein will, befindet sich in der Mitte des Raumes. Er lächelt und begibt sich zu mir. Er legt meinen Kopf an sein Herz und küsst meine Stirn. Die positive Energie fließt in mich ein und erfüllt mich. Ich danke ihm. Dann umarme ich ihn. Mit meinem nächsten Atemzug verbindet sich der Mensch, der ich sein will, mit dem Menschen, der ich bin.

Alles, was ich sein will, ist jetzt in mir. Der Mensch, der ich bin, ist der Mensch, der ich sein will.

Ich habe meine Vergangenheit befreit. Jetzt bin ich in der Gegenwart mit meiner Zukunft verbunden.

Das Paradies meiner Zukunft fließt durch meine Quelle in meine Gegenwart.

Ich bin die Quelle meiner Gedanken und Gefühle.

Meine Gedanken und Gefühle erschaffen meine Energie.

Meine Energie erschafft meine Realität.

Meine Realität arbeitet immer für mich.

Ich verabschiede mich von meiner alten Vergangenheit und verbinde mich mit meiner neuen Zukunft.
Ich spüre die ewig währende Gegenwart in mir.
Ich bin mit allem verbunden.

Ich atme mein altes Ego aus und atme mein neues Selbst ein.
Mit jedem Ausatmen löse ich mich weiter von den Grenzen meiner Vergangenheit.
Mit jedem Einatmen verbinde ich mich näher mit all den Möglichkeiten in meiner Gegenwart.

Ich bin der Schöpfer meiner Realität. Meine Realität ist meine Schöpfung.

Wenn ich meine Augen öffne, bin ich ein neuer Mensch. Als neuer Mensch erzeuge ich eine neue Realität.

Aus der Asche meiner Leere wurde ich in die Unendlichkeit geboren.

Spüre die unerschöpfliche Quelle in dir.
Verweile in deiner Quelle.
Und wenn du so weit bist, kehre zurück, und fülle das Universum mit deiner Liebe.

Ein
Abschiedsgeschenk

*Um die Meditation kostenlos als geführte Audio-
Meditation zu erhalten, kannst du mir einfach
eine E-Mail an folgende Adresse schicken:*

kontakt@fabianwollschlaeger.de

www.fabianwollschlaeger.com

Über den Autor

Hey,
mein Name ist Fabian.

Ich bin der Autor dieses Buches, doch das ist nicht von Bedeutung. Nur eine meiner Lebenserfahrungen möchte ich mit dir teilen.

Mein Leben hat vor 25 Jahren begonnen. Das Wichtigste in dieser Zeit war die Leere, die ich erfahren habe und die wir alle in unserem Leben erfahren dürfen. Dank ihr fiel ich immer tiefer, bis ich letztlich am tiefsten Punkt den Menschen fand, der mich von meinem Leid befreite. Mich selbst. Diese Freiheit lebt in uns allen, und sie bedarf nur einer einzigen Erkenntnis. Deswegen geht es nicht darum, wer ich bin. Es ist nur wichtig, warum ich bin:

Ich bin für dich.

Nimm meine Hand und folge mir
auf Facebook und Instagram:
Fabian Wollschläger

www.instagram.com/fabianwollschlaeger
www.facebook.com/FabianWollschlaeger

... oder besuche meinen gleichnamigen YouTube Kanal für deine persönliche Reise zurück zu dir

www.youtube.com/c/FabianWollschläger